초연결사회연구소총서 ①

연결하는 인간:
초연결사회의 새로운 지평

연결하는 인간: 초연결사회의 새로운 지평

초판 1쇄 2025년 2월 17일

지은이 김덕삼 · 김태수 · 유광석 · 이경원 · 이경자
펴낸이 김기창
표지디자인 이병석

펴낸곳 도서출판 문사철
주소 서울 종로구 창경궁로 265 상가동 3층 3호
전화 02 741 7719 • 팩스 0303 0300 7719
홈페이지 wwww.lihiphi.com • 전자우편 lihiphi@lihiphi.com
출판등록 제2008-000040호

ISBN 979 11 92239 46 0 (93100)

※ 값은 뒤표지에 있습니다.

연결하는 인간:
초연결사회의 새로운 지평

연구총서 발간에 즈음하여

　대진대학교 '초연결사회연구소(IHSR)'는 초연결사회의 본질을 규명하고, 그 영향과 가능성을 학문적으로 탐구하며, 지속 가능한 미래를 설계하고자 2024년 12월에 설립되었습니다.

　연구소는 초연결사회에 대한 깊이 있는 연구와 통찰을 제공하고, 연구 결과를 학술적으로 공유함과 동시에 일반 대중과 소통하며, 학문적 연구를 실제 정책과 사회적 변화로 연결하는 역할을 수행하며, 학문과 현실, 이론과 실천을 연결하는 지적 플랫폼이자, 인류의 미래를 고민하는 사고의 중심지로 자리매김할 것입니다.

　이러한 도정에 '초연결사회연구소 연구총서'가 있습니다. 이어지는 연구총서를 통해 인류가 직면한 도전과 기회를 학제적으로 분석하고, 사회적 실천을 위한 방향을 제시하는 토대를 마련할 것이라 기대하며, 독자 여러분의 지지와 관심을 부탁드립니다. 감사합니다.

2025년 1월
대진대학교 초연결사회연구소
소장 김덕삼 씀

책머리에

우리는 이제 그 어느 때보다 긴밀하게 연결된 세상에 살고 있다. 정보통신기술의 발달로 시공간의 제약이 사라지고, 사물과 사람이 네트워크로 촘촘히 이어지는 초연결사회가 도래했다. 이러한 변화는 기술적 진보를 넘어 인간의 존재 방식과 사회구조 전반에 근본적인 변화를 가져오고 있다. 사물인터넷(IoT), 인공지능(AI), 빅데이터 등 4차 산업혁명의 핵심 기술들이 융합되면서, 우리의 일상은 디지털 네트워크를 통해 전방위적으로 연결되고 있다.

초연결사회가 인류에게 제시하는 새로운 도전과 기회를 종합적으로 이해하고 대응하기 위해, 대진대학교 초연결사회연구소는 '연결하는 인간'이라는 관점에서 본 연구총서를 기획했다. 단순히 네트워크에 연결된 수동적 존재가 아닌, 능동적으로 관계를 형성하고 의미를 창출하는 주체로서의 인간을 탐구하고자 한다.

본서의 구성은 다음과 같다. 제1장 "초연결사회와 인구감소: 새로운 몸들의 등장"에서는 초연결사회에서 나타나는 인구감소 현상과 새로운 존재방식을 분석한다. 전통적 인구 개념으로는 포착할 수 없는 디지털 네트워크 속 새로운 '몸'의 출현을 조명하고, 이것이 가져올 사회변동의 의미를 탐구한다. 특히 유교적 자본주의 체제하에서 형성된 전통적 몸 개념이 해체되는 과정과 이로 인한 사회구조의 변화를 심도 있게 분석한다.

제2장 "초연결사회의 윤리 문제: 상생 사상과 실천"은 초연결사회가 제기하는 윤리적 도전들을 '상생'의 관점에서 고찰한다. 디지털 기술의 발전이 가져온 윤리적 문제들을 단순한 규제나 통제가 아닌, 상호 이해와 협력의 관점에서 접근하며, 한국의 전통적 상생 사상이 현대 사회에 주는 함의를 탐구한다. 특히 현대 한국 사회에서 '상생' 개념이 어떻게 수용되고 발전해 왔는지를 분석하고, 이를 통해 초연결사회의 윤리적 지향점을 모색한다.

제3장 "초연결사회의 지성사: 근대 시민사회에서 디지털 문명으로"는 현재의 변화를 역사적 맥락에서 조망한다. 근대 시민사회의 형성과정에서 나타난 연결성의 변화를 추적하고, 디지털 문명으로의 이행이 가져오는 존재론적, 인식론적 변화를 분석한다. 특히 루소, 칸트, 마르크스 등 근대 사상가들의 통찰이 초연결사회에 어떤 의미를 가지는지 검토한다.

제4장 "초연결사회의 연결과학: 새로운 이론의 정립과 적용"은 초연결사회를 이해하기 위한 새로운 이론적 틀을 제시한다. 기존의 사회이론들이 지닌 한계를 극복하고, 초연결사회의 복잡성과 역동성을 포착할 수 있는 새로운 개념과 방법론을 탐구한다. 특히 복잡계 이론, 네트워크 이론 등 기존 이론들을 비판적으로 검토하고, 이를 바탕으로 새로운 '연결과학'의 가능성을 모색한다.

제5장 "초연결사회와 AI: 진화와 공존의 패러다임"은 인공지능과 인간의 창조적 공존 가능성을 탐구한다. 인공지능의 발전이 가져올 존재론적, 인식론적 변화를 분석하고, 인간과 기계의 새로운 관계 설정을 위한 이론적 토대를 마련한다. 특히 인공지능 시대에 인간의 고유성과 존엄성을 어떻게 보존할 수 있을지에 대한 철학적 성찰을 담

고 있다.

제6장 "초연결사회와 재난공동체: 도교적 사유와 디아스포라의 극복"은 전통적 동양사상, 특히 도교적 사유를 통해 현대사회의 위기를 극복할 수 있는 지혜를 모색한다. 초연결사회에서 발생하는 다양한 형태의 디아스포라 현상을 분석하고, 이를 해결하기 위한 철학적, 실천적 방안을 제시한다.

이 책의 완성을 위해 철학, 종교학, 교육학, 사회학, 인류학 등 다양한 학문적 배경을 가진 연구자들이 하나의 문제의식 아래 모여 각자의 전문성을 바탕으로 초연결사회의 복합적 현상을 다각도로 조명했다. 공동연구의 과정에서 보여준 저자들의 열정과 통찰, 그리고 학제간 협력의 모범은 특별히 주목할 만하다. 특히 각 연구자들은 자신의 전문 분야에 안주하지 않고, 다른 분야의 관점과 방법론을 적극적으로 수용하며 진정한 통합적 연구를 위해 노력했다.

본서가 제시하는 통찰과 제언들이 초연결사회를 살아가는 우리 모두에게 의미 있는 나침반이 되기를 희망한다. 이는 단순한 학술적 논의를 넘어, 우리가 직면한 현실적 문제들에 대한 구체적인 해결 방안을 모색하는 시도이기도 하다. 독자들이 이 책을 통해 초연결사회에 대한 더 깊은 이해를 얻고, 더 나은 미래를 만들어가는 데 동참할 수 있기를 기대한다.

2025년 1월
저자들을 대표하여
이경원 씀

차례

연구총서 발간에 즈음하여 4
책머리에 5

초연결사회와 인구감소: 새로운 몸들의 등장 - 유광석 11
1. 들어가는 말 13
2. 문화적 몸의 비가시성 15
3. 유교자본주의에서 몸의 소비 17
4. 초연결사회에서 몸의 사회적 자본화 21
5. 새로운 몸 개념과 과제 24

초연결사회의 윤리 문제: 상생 사상과 실천 - 이경원 29
1. 초연결사회와 윤리적 가치의 문제 31
2. 한국사회에서 '상생' 용어의 기원과 유행 35
3. 상생 개념의 사회적 인식 38
4. 상생개념의 종교계 담론 46
5. 대순사상에서의 상생교리 49
6. 초연결사회의 윤리적 지향점으로서의 상생 64

초연결사회의 지성사: 근대 시민사회에서 디지털 문명으로 - 김태수 69
1. 초연결사회와 서구 지성사의 만남 71
2. 초연결사회의 발전사적 등장 배경과 전망 73
3. 초연결사회의 지성사적 기반과 성격 80
4. 초연결사회의 지성사적 평가·적용 및 전망 94
5. 초연결사회의 가능성과 과제 103

초연결사회의 연결과학: 새로운 이론의 정립과 적용 - 김덕삼 111
1. 연결의 의미와 가치 113
2. 관련 이론 및 연결이론 정립의 필요성 115
3. 연결이론의 기반 정립 124
4. 활용 방향 131
5. 이론의 정립과 실천적 과제 140

초연결사회와 AI: 진화와 공존의 패러다임 - 김덕삼, 이경자 145
1. 기술과 변화 147
2. 낯 설은 변화 150
3. 인간의 한계와 연결의 양상 154
4. 연결을 통한 공존과 창조 164
5. 인류의 진화와 연결의 미래 173

초연결사회와 재난공동체: 도교적 사유와 디아스포라의 극복
- 김덕삼, 김태수 177
1. 재난공동체와 인류 179
2. 재난공동체와 디아스포라 185
3. 디아스포라의 극복과 도교 연결 사상의 적용 195
4. 맺음말: 재난공동체의 미래 211

초연결사회와 인구 감소: 새로운 몸들의 등장

유광석

1. 들어가는 말

　4차 산업혁명에 기반한 초연결사회에서는 몸에 대한 전통적 통제와 전형화된 개념들이 해체되면서 사적으로 다양한 방식의 몸의 소비와 의미부여가 일상화된다. 한편으로는 "몸의 세속화(secularization of the body)" 과정이 그리고 다른 한편으로는 "몸의 신성화(sacralization of the body)"가 양면적으로 가속화되면서 "몸의 양가성(Mellor and Schilling 1997)"이 국가와 자본경제의 인적·물적토대로서 소비된 "인구 (또는 전통적 몸)"의 급격한 해체 (가령, 저출산, 비혼, 지역소멸, 1인 가구, 고령화 등)를 야기하고 있다. 동시에 그 반대편에서는 유기적 생태공동체를 구성하는 비인간 동식물, 인간 동물, 자연환경과 지구와 우주 전체가 하나의 '생태적 몸'으로서 그리고 사물인터넷, 메타버스, 생성형 AI와 같은 4차 산업기술문명으로 연결된 지능형 로봇과 사물들 및 가상현실의 아바타들까지 "포스트 휴먼적 몸"들이 공존하고 있다.
　무엇보다 4차산업 기술문명에 기반한 초연결사회는 시간과 공간의 제약 아래에서 단순히 기계적으로 연결된 몸들의 통제와 지배로는 유지될 수 없는 "새로운 몸의 질서와 개념화"를 필연적으로 요청하고 있다. 가령, 국가와 자본이데올로기에 의해 지탱된 근대적 몸의 재생산 구조가 작동을 멈추면서 한국의 인구학적 미래는 위기상황으로 치닫고 있다. 매년 최저치를 경신하고 있는 한국의 합계출산율 0.72(2023년)와 0.68(2024년)을 두고 그 수준, 지속기간 및 속도 면에서 가장 심각한 상황이라고 진단한다(황인도 외 2023; 손호성 2023).

이러한 결과는 2021년 기준 OECD 국가들 및 세계은행(World Bank)의 인구자료 기준으로도 전 세계 217개 국가 중 최저출산율에 해당한다. 시계열적으로는 1983년 합계출산율 2.06을 시작으로 40년 전 이미 저출산사회에 진입했고, 나아가 2002년 합계출산율 1.18을 시작으로 22년째 초저출산 사회로서 한국은 예나 지금이나 '특별히 위험한 사회'이다(벡 2008).

이론적으로 인구감소와 초저출산 문제에 대한 기존 연구들은 주로 인구학·고용·복지·지역균형 혹은 경제학적 접근법에 치중한 반면 (이인숙 2005; 조명덕 2010; 하종원·김태완 2021, 이철희·황영지 2022; 장문현 2022; 2023; 황이인도 외 2024), 인간사회의 결혼과 출산문화에 지속적이고 장기적으로 영향을 미치는 개인적 가치관 및 문명사적 환경의 변화는 철저하게 등한시하였다 (하정옥 2015; 김기봉 2019). 무엇보다, 한국과 같은 IT 선진국에서 초연결사회로의 진입이 가속화되는 과정에서 새로운 기술문명들에 가장 빠르게 적응하는 청년세대의 비혼과 비출산 현상에 대한 체계적인 연구는 사실 전무한 실정이다. 이러한 맥락에서 이 글은 기존의 지배종교들이 인구의 재생산구조를 정당화하면서 인구증가를 낙관했던 '근대적 몸'의 개념화를 먼저 탐구한다. 다음으로, 한국적 맥락에서 유교적 자본주의를 지탱하기 위해 과도하게 착취 및 통제되었던 '유교적 몸 (confucian body)'의 개념이 오늘날 해체되는 이유를 설명한다. 마지막으로 근대적 몸의 개념이 해체되는 과정에서 4차산업 기술문명에 대응하는 몸의 세속화와 신성화가 어떻게 비혼·비출산의 가치관과 선택적으로 친화적일 수 있는지를 설명할 것이다. 결론적으로는 초연결사회에서 새롭게 전략화된 몸의 양가적 인식패러다임에 기초하여 (Coakley

1997), 초연결사회의 비인간중심주의(non-anthropocentrism)와 호환가능한 "새로운 몸 개념"의 정립가능성을 문화적 관점에서 고찰하고자 한다.

2. 문화적 몸의 비가시성

인구변화, 즉 몸의 재생산을 예측하기 위한 일반적 지표로서 사용되는 출산율, 사망율, 이주(migration) 비율은 공통적으로 몸의 계량화를 위해 특화된 개념들이다. 하지만 실제 생활에서 몸의 의미와 한계를 규정하는 사회문화적 조건이나 요인들은 그 사회에 고유한 역사의식, 이데올로기, 신념, 그리고 가치관을 체화하는 지리적 공간과 결합된 양태로 기능한다는 점에서 그 영향력의 정도나 결과를 다른 인구사회학적 요인들과 개념적으로 명확히 구분하거나 엄밀한 계량적 통계분석으로 예측하고 관리하는데 어려움이 있다. 문화적 현상은 가시적 또는 비가시적 형태로 사회화 과정에서 지속적으로 재구성되고 건설된다 (Berger and Luckmann 1966; Luckmann 1967; Davie 1990; 2005). 따라서 가시적이고 계량화된 인구변화에만 집착하는 접근법은 이론적으로나 정책적으로도 그 타당성을 의심받고 있다.

예를 들어, 한국정부가 관계부처 합동으로 제출한 『제4차 저출산·고령사회 기본계획』(2020)에 따르면, 정부는 지난 15년간 정책의 실패를 반성하면서 저출산·고령화 문제의 원인을 삶의 질에 대한 불만족으로 새롭게 진단하고, 그 정책목표를 "출산장려가 아닌 저출산으로 이어진 사회구조적 '원인'에 집중하고 그 원인을 해소함으로써 전체적인 삶의 질 제고를 추구"(p.6) 하는 방향으로 전환하였다. 물론 이러한 삶의 질에 대한 개선은 인간의 가치관과 사회문화적 환경의 변화를 전제한 것이고 이에 관련된 문화적 요인에 정책적으로 대응하겠다는 의지를 담고 있다(pp.15-17).

어느 사회에서나 몸의 재생산 문제는 구성원 각자의 사고방식과 행동양식(가령, 결혼, 출산, 낙태, 이주)에 지대한 영향을 미치는 문화적 가치체계, 즉 몸의 탄생과 소멸을 규정하는 생사관(生死觀), 바람직하거나 그렇지 못한 몸의 관리와 소유를 규정하는 도덕적 정체성과 일탈, 몸의 해석에 권위를 부여하거나 박탈하는 그 시대의 과학적 지식과 기술의 상관성을 고려할 때 정확하게 규명될 수 있다 (Cheng 2020; Jordan 2006). 예를 들어, 각 시대와 사회에 특수한 종교문화적 관점에서 이슬람이나 가톨릭이 개신교보다 높은 출산율을 보인다거나 몰몬교의 다산주의처럼 종교별 또는 종교인과 비종교인의 출생률 차이에 대한 비교연구는 이미 서구에서 다양하게 보고된 바 있다 (Baudin 2015; Westoff & Marshall 2010; Dharmalingam & Morgan 2004; Johnson 2004; Marcum 1986; Westoff & Jones 1979; Mayer & Marx 1957). 이러한 연구는 세속적 개인주의가 팽배한 프랑스와 같은 후기산업사회에서조차 교육이나 소득 변인이 통제된 상황에서 가족, 배우자, 부모의 종교적 배경에 따른 유의미한 출산율 차이를 발견함으로써 이 글에서 강조하는 '문화적 몸(cultural body)'의 비가시성을 보여준다 (Baudin 2015; West 2007).

이와 같은 문화적 몸의 개념을 수용하면서 출산 및 결혼에 대한 가치관의 변화에 대한 대응을 중요한 인구정책적 과제로 밝힌 한국정부의 새로운 접근법은 때늦은 감이 있지만 의미있는 변화라고 생각된다. 하지만, 그러한 가치관의 변화가 초연결사회의 몸의 인식패러다임과 어떻게 관계되어 있는지 그리고 왜 청년세대를 지배하게 되었는지에 대한 충분한 이해가 전제되지 않고서는 소기의 정책목표를 달성하기 어려울 것이다. 전후 빈곤과 인구과잉의 사회에서 풍부하고 잘 훈련된 몸의 재생산을 기반으로 급속히 성장한 한국의 유교자본주의가 갑자기 초저출산 현상을 경험하는 원인을 단순한 가치관의 혼란, 즉 아노미 현상으로 해석하는 연구자도 있지만(김기봉 2019:16), 반대로 출산과 결혼을 기피하는 청년세대가 문화시장의 합리적인 행위자로서 그들의 변화된 가치관과 비용편익분석에 맞게 몸의 재생산 여부를 선택적으로 재구성하고 있다는 사실 또한 주목해야 한다 (Azzi and Ehrenberg 1975). 그럼으로써 합리적 행위자로서 오늘날의 청년세대와 불가분의 연결점을 가진 4차산업 기술문명에 기초한 초연결사회와 몸의 재생산 문제가 자연스럽게 등장한다.

3. 유교자본주의에서 몸의 소비

자본주의의 발달이 가정과 경제의 분리를 낳았다는 베버와 페미니즘의 입장에 대해 종교사회학자 브라이언 터너(Bryan S. Turner)는 그의 주저『몸과 사회』에서 다음 세 가지 이유를 들어 반박하고 "가부장제는 자본주의가 존재하기 위한 조건이자 그것의 결과"라고 주장한다: 첫째, 소비단위로서 가정의 유지를 지지하는 것이 자본가에 이익이 된다. 둘째, 여성의 재생산 기능은 가족가부장제에 의해 오히려 강화되는 측면이 있다. 셋째, 여성의 가정 내 무급노동이 자본 대비 노동비용을 절감시킨다(Turner 1996: 290). 이러한 주장의 역사적 타당성 여부는 별개로 하더라도 터너가 당연시했던 근대자본주의 사회의 기본 단위로서 가족, 특히 가부장제에 기초한 가족이 후기산업사회로 이행하면서 어떻게 그리고 왜 해체되고 새로운 형태의 가족관계(무자녀가구, 1인가구, 미혼모 가구, 동성부부 등)를 양산하고 있는지가 한국적 상황의 유교자본주의에서 몸의 해체와 관련해 설명될 필요가 있다.

먼저, '유교자본주의명제'를 낳았던 동아시아 국가들은 시기적 차이가 없지는 않겠지만 이미 초연결사회에 진입한 것으로 판단된다. 근대화 또는 산업화시대의 연결사회와 달리 초연결사회의 일반적 특징으로서 초저출산 경향은 이미 북미나 유럽국가들에서도 공통적으로 나타나고 있다는 점에서 비단 동아시아 국가들만의 문제는 아니다. 게다가 출산이나 혼인을 기피하는 관습은 산업화 이전에도 한국, 일본, 대만의 지역 마을들에서 드물지 않게 존재하였고 그러한 관습의 존속을 통해 구성원들이 젠더의 기능적 분화를 넘어 유교적 이데올로기의 재생산에 어떻게 참여하였는지에 대한 인류학적 연구들도 적지 않다 (강대훈 2021:4). 요약하면 출산과 결혼의 기피현상은 동아시아의 근대성을 견인한 유교적 가부장제나 유교자본주의 패러다임의 단순한 부작용을 의미하는 것을 넘어(김혜영 2007; 김주희 2013; 배은경 2021; Cheng 2020; 김미향 2024), 초연결사회로서 동아시아를 관통하는 보이지 않는 문화적 몸의 특성을 이해하는 관점에서 접근할 필요가 있다.

둘째, 기독교적 맥락과는 다른 유교적 몸의 개념에 대한 역사적·문화적 이해가 필수적으로 수반되어야 한다(함인희 2013). 기독교적 가부장주의에서 몸의 사회적 지위를 '순수한 어머니, 아니면 창녀'라는 문구로 터너가 극화한 것처럼 재생산활동의 분화가 젠더를 초월해서 이루어졌던 반면에(Turner 1996: 258-9), 동아시아의 유교적 가부장주의는 젠더를 초월한 재생산 담론이 원래부터 존재하지 않았다. 이러한 유교적 사유전통은 우주의 원리로서 작동하는 이(理)와 기(氣)를 영과 육으로 치환하는 기독교의 이원론적 방식과 완전히 반대되는 입장에서 몸을 해석하기 때문이다. '유교적 몸(Confucian Body)'은 영적 차원의 반대개념이 아니라, '심리적·물리적·정신적 몸'의 연결체로서 살아있는 후손과 죽은 조상의 대화를 통해 가문의 세대전승을 체현하는 일원적 몸이다(Adler 2003:354). 하지만, 유교, 불교, 도교 및 민간신앙적 차원에서 해석된 인간중심주의적 몸의 개념에 대한 비판적 고찰을 통해 초연결사회에서 그 적용가능성과 역할 및 한계에 대한 반성적 성찰을 또한 필요로 한다 (유권종 2018; 안환기 2019).

셋째, 역사적으로 유교자본주의에서 건설된 유교적 몸의 해체가 초연결사회에서 어떻게 새로운 몸의 이해를 야기하고 있는지가 중요하다. 임인숙이 쉴링(C. Schilling)과 터너(B, Turner)의 저서들을 번역하면서 2000년대 이후 국내에서도 본격화된 사회학적 관점의 몸의 연구는 푸코의 권력담론(푸코 2011; 2014), 자본주의 구조론 및 페미니즘의 틀 안에서 크게 벗어나지 못하고 있다(김남옥 2012: 303-311). 그들은 공통적으로 후기산업사회에서 몸의 상품화, 권력화, 위계화와 같은 제 현상을 '몸의 세속화(secularization)'로 단순화했던 세속화론자 터너의 관점을 비판없이 수용하고 있다(Turner 1996:387-8). 하지만, 초연결사회에서 몸은 국가와 자본경제의 관리를 벗어나 사적으로 관리되고 소유되는 단계를 넘어 인간을 포함한 거대한 동식물의 생체데이터를 스스로 수집·분석·정리하는 생성형 AI 플랫폼들에 의해 데이터화의 객체이자 객체화된 데이터를 기반으로 새로운 데이터를 재생산하는 주체가 되었다. 결국, 몸을 신의 섭리가 내재한 신성한 매개체로 이해하는 가톨릭 교황 요한바오로 2세의 '몸의 신학(theology of the body)'에서 강조된 것처럼 (West 2007), 몸 그 자체가 가장 중요한 시원적 원천이자 기원으로서 신성화된다. 다만, 몸의 신성화(sanctification)는 후기산업사회에서 언급된 '몸의 세속화'와 동시적으로 병존하고 있다는 점에서 초연결사회의 정체성 혼란과 일탈현상을 야기하는 주요한 요인으로 작용한다.

끝으로, 후기산업사회에서 몸의 관리 및 소유에 대한 개인들의 권리 증진이 동시에 몸을 자기만의 방식으로 학대하는 거식증이나 폭식증의 증가를 야기한 것처럼, 몸의 관리와 지배를 둘러싼 양가성은 초연결사회의 다양한 일탈현상을 초래하고 있다. 특히, 비혼·비출산은 국가나 사회가 요구하는 몸의 재생산 의무로부터의 자발적 저항이자 이탈이라는 점에서 몸의 해방을 의미하지만, 다른 한편으로 '초연결사회의 몸'은 초연결성으로 얽힌 새로운 몸들의 유기적 관계망 속으로 강제편입되면서 더 견고한 속박에 직면한다. 이러한 의미에서 초연결사회에서 나르시시즘, 자폐증, 대인기피증, 불안증 및 우울증과 같은 '일탈적 몸'의 증가는 새로운 초연결성에 직면한 구성원 스스로가 몸의 양가성을 내면화하거나 사회화하는데 지속적으로 실패한 결과이다.

4. 초연결사회에서 몸의 사회적 자본화

맬서스의 고전적 주장과 달리 마르크스는 "인구에 대한 초역사적 법칙은 있지 않고, 모든 시대는 자기 시대의 인구법칙을 갖고 있다"고 했다 (김기봉 2019; 36). 무엇보다 『제4차 저출산·고령사회 기본계획』(2020)에서 명확히 알 수 있듯이 한국정부는 비혼·비출산·고령화라는 서로 다른 세 가지 차원의 문제를 동일한 원인에 기인한 것으로 간주하고 단번에 해결하고자 하는 선거 공약 수준의 근시안적 해법만 제시하고 있다. 이와 반대로 이 글에서 주장하는 문화적 이해를 전제한 인구감소 대응책은 장기적이고 지속적인 생명과 몸의 개념 및 기술문명에 대한 새로운 인식의 전환과 실천 없이는 성취되기 어렵다는 것을 의미한다. 예를 들어, 서양사회와 달리 여전히 가족형태로 장려되지 않는 한국의 비혼가족, 미혼모가족 및 동성혼가족을 인구감소의 대안으로 내세우는 것은 인간 중심적 몸의 위계화에 의한 기계적이고 형식적인 서열화를 강화할 뿐이다. 하지만, 오늘날 초연결사회가 필연적으로 수반하는 비인간동식물과 AI, 로봇, 사물 및 가상현실의 주체들까지 새로운 몸의 지위를 부여하고 인간과 비인간의 초연결성에 기초한 유기적이고 평등한 몸의 질서를 구축한다면, 비인간중심주의적 관점에서 다양한 몸들을 사회적 자본으로 수용할 수 있게 된다.

이러한 사회적 자본화는 결국 전통적 의미와는 다른 새로운 유형의 몸들에 신뢰가능한 해석과 권위를 새롭게 부여하는 것에서 시작될 수 있다. 인간을 신뢰하듯이 동식물과 사물, 그리고 그들로부터 수집된 데이터를 신뢰할 수 있다면, 초연결사회에서 탄생하는 다양한 몸들을 사회적 자본으로 활용할 수 있게 된다. 반려동물·반려식물·반려로봇·반려사물(가령, 장난감, 수석, 우표, 운석 등)과 인간의 관계가 기계적 교환관계로 끝나지 않고, 4차산업 기술을 통해 새로운 몸들(또는 존재들) 간에 다양한 데이터(감정, 언어, 생체정보 등)를 공유하는 유기적 관계로 지속될 수 있다면, 그것이 바로 존재들 간 신뢰의 축적이고, 나아가 초연결사회를 지탱하는 사회적 자본의 탄생과정이라고 할 수 있다. 물론, 이것은 초연결사회가 새로운 몸들에 대한 신뢰를 자발적으로 생산할 수 있다는 의미가 아니라, 종교적 관계를 통해 축적되는 영적자본(spiritual capital)의 경우처럼(Verter 2003), 새로운 몸들의 상호관계에 참여함으로써 인간중심주의적 가치관(anthropocentrism)이 해체될 때 초연결성에 기반한 새로운 몸들의 사회적 자본화가 촉진될 수 있고 그럼으로써 초연결사회의 공동체성이 강화될 수 있다는 것이다.

초연결사회에서 일반화된 인구감소는 기계적이고 계량화된 연결에 기초한 근대국가와 시장경제가 구축한 '인구'의 개념, 즉 기존 연결사회의 근간을 이루는 국방·납세·노동의 자원으로서 지배 및 통제된 몸의 불평등한 착취구조가 더 이상 작동하지 않기 때문에 나타난 것이다. 다시 말하면, 기존 연결사회의 '인구' 개념에 전제된 몸의 통제방식에 대한 불신과 저항이 청년세대의 비혼·비출산으로 표현됨으로써 몸의 재생산 기능이 멈추고 사회적 자본화에 실패하는 것이다. 역사적 관점에서 맬더스가 예측하지 못했던 사실, 즉 기술문명의 발전으로 인한 생산성의 증가가 기하급수적으로 증가하는 인구를 부양할 수 있다는 근대자본주의 사회의 인구학적 낙관론은 4차산업 기술문명에서는 더 이상 타당하지 않게 된 것이다. 4차산업 기술문명에 기초한 초연결사회는 '전통적 몸'뿐만 아니라 새롭게 몸의 지위를 부여받은 '다양한 몸들' 간 평등하고 쌍방향적인 소통·공유·분할·결합의 유기적 매트릭스에 기반하고 있다는 점에서 인간중심주의적인 '인구' 개념에 편향되거나 특별한 의미를 부여하지 않는다.

이러한 맥락에서 '인구' 개념 그 자체가 시대착오적인 편견이며 맹목적 집착이라는 점에서 최근 '신인구' 개념을 정립하기 위한 논의가 일부에서 제기되고 있다 (주상현 2021; 이채완·박상우 2024; 송인방·조희정·이영재 2023). 하지만, '관계인구', '생활인구', '정주인구', '거주인구', '등록인구' 등 다양한 용어들로 제시되는 새로운 인구 개념들은 공통적으로 초연결사회의 기술문명에 내재한 문화적 특수성을 충분히 반영하지 못한 채 맥락 없이 수입된 개념을 행정편의적으로 활용하는 수준에 머물고 있다. 무엇보다 4차산업 기술문명의 몸에 대한 영향은 근시안적인 인구정책의 목표를 달성하기 위한 '채찍과 당근' 방식의 정책이나 행정제도의 피상적 변화로 환원될 수 없다. 초연결사회를 구성하는 새로운 형태의 몸들의 탄생을 이해하고, 비인간중심성에 기반한 새로운 몸들의 평등한 관계질서에 부합하는 시민문화가 법과 제도의 개선에 선행되어야 그 몸은 비로소 사회적 자본으로 전환될 수 있을 것이다 (성정현·김희주. 2016; 하정옥 2015).

그럼에도 새로운 기술문명에 기초한 초연결사회에서 몸의 개념화에 관한 이러한 문화적 접근법이 문화결정론으로 단순화되어서는 안 된다. 전자가 초연결사회의 연결망으로 존재하는 행위자들, 즉 새로운 유형의 연결된 몸들이 추구하는 자발적 의지를 전제하는 반면, 후자는 다양한 몸들의 주체성을 인정하지 않기 때문이다. 이 글은 초연결사회를 관통하는 문화적 요인에 대한 고려와 그로 인한 일탈현상과의 관계를 이해하는 것이 어느 때보다 중요하다는 것일 뿐, 새로운 기술문명에 기반한 초저출산현상을 국가나 거대자본이 개입해서 해결해야 할 단순한 하향식 정책의 문제라거나, 현시대를 관통하는 시대정신이라거나, 개인의 삶을 지배하는 세속적 이데올로기의 산물이라거나, 아니면 이 모두를 포괄하는 근대적 인간성의 종말을 의미한다는 등의 확장적 함의를 추구하지 않는다. 다만, 인구감소시대의 '인구'는 정치경제적으로 건설된 것이지만(사카가미 1999; 함인희 2013; 조일준 2016; 조은주 2018), 인간과 그 역사는 문화적으로 형성된다는 진부한 진실이 한국과 같은 초연결사회의 비혼·비출산 현상에 대한 이론적 정책적 담론에서 더 철저하게 반영되어야 한다는 주장을 할 뿐이다.

5. 새로운 몸 개념과 과제

이 글의 핵심적 문제의식으로 제시된 초연결사회의 기술문명과 한국의 초저출산 현상과의 관계를 설명하기 위해서는 근대국가와 산업자본에 의해 형성된 정치경제적 '인구'의 개념을 고수하기보다는 새로운 가치관, 생활환경 및 기술문명의 기저에 있는 문화적 요인들을 이해하는 것이 이론적으로 더 긴급하고 정책적으로도 더 효과적일 것이다. 특히, 한국을 비롯하여 일본, 중국, 대만, 싱가포르와 같은 동아시아 유교국가들에 공통된 인구감소 현상에 대한 확장적 문화 연구들은 정치적·지리적·인종적 차이를 능가하는 새로운 기술문명의 영향을 비교문화적 및 비교사회적 관점에서 보다 분명하게 보여줄 수 있을 것이다. 무엇보다 이들 사회에서 정형화된 '유교적 몸'에 저항하는 '몸의 세속화' 현상과 새로운 기술문명으로 전례 없이 그 지위가 격상되고 있는 '몸의 신성화' 현상을 통해 '초연결사회의 몸'이 직면한 긴장과 갈등 및 정체성의 혼란과 비혼·비출산과 같은 일탈적 현상의 관계를 가늠할 수 있다. 또한, 향후 이러한 '몸의 양가성'에 기초한 다양한 몸의 특성들을 이해하기 위해서는 집중적인 학제적 연구가 절실히 요청된다.

참고문헌

강대훈. 2021. " 며느리 따라오는 무서운 조상신: 제주 도채비 신앙과 혼인기피 관습에서 드러나는 유교이념과 실용논리의 충돌"『한국문화인류학』54(3)
김기봉. 2019. "저출산에 대한 문명사적 조망".『시민인문학』36
김남옥. 2012. "몸의 사회학적 연구 현황과 새로운 과제".『사회와 이론』21(1)
김미향. 2024. "인구절벽 유독 심한 동아시아 국가들, 왜 그럴까." 한겨레 2023.2.21.
김주희. 2013. "1970년대 한국 경공업 여성노동자의 신체성에 관한 연구".『무용예술학연구』43(4)
김혜영. 2007. "1인 가구의 비혼사유와 가족의식".『한국사회학대회자료집』
배은경. 2021. "'저출생'의 문제제기를 통해 본 한국 인구정책의 패러다임 전환 모색: 재생산 주체로서 여성의 행위성과 저출산·고령사회정책의 검토".『페미니즘연구』21(2)
벡, 울리히, 2008. "한국은 아주 특별하게 위험한 사회다". 조선일보 2008.4.1.
사카가미 다카시. 1999.『인구·여론·가족: 근대적 통치의 탄생』오하나 (역), 서울: 그린비 (2019).
성정현·김희주. 2016. "미혼모가족에 대한 부정적 인식의 역사적·사회적 배경에 관한 소고"『가족과 문화』28(1)
손호성. 2023. "우리나라 출산율에 대한 재고찰: 합계출산율 지표의 한계와 완결출산율 분석을 중심으로".『한국정책학회보』제32권 4호(2023.12) http://dx.doi.org/10.33900/KAPS.2023.32.4.8
송인방·조희정·이영재. 2023. "새로운 인구 개념의 정책 적용 가능성과 과제:일본의 관계인구를 중심으로."『21세기정치학회보』33(3)
안환기. 2019. "불교와 초연결네트워크사회: 4연과 행위자-네트워크 이론을 중심으로."『인문사회21』10(5)
유권종. 2018. "초연결사회와 유교적 진실의 재구성."『공자학』36
이인숙. 2005. "저출산의 요인 분석과 사회복지적 함의".『한국사회복지학』57(4)
이철희·황영지. 2022, "한국의 지역 간 인구 불균형 확대의 인구학적 요인 분석".『한국인구학』45(2)
이채환·박상우. 2024. "신(新) 인구개념을 활용한 국토 외곽지역 활성화방안 연구."『해양관광학연구』17(2)
장문현, 2023. "지방소멸 위기에 따른 인구감소 지역의 유형화 연구",『국토지리학회지』57(1)
-----. 2022. "지방소멸에 대응한 농촌지역 재생진단 모델의 탐색적 연구."『한국지역지리학회지』, 28(1)
조명덕, 2010. "저출산. 고령사회의 원인 및 경제적 효과 분석",『사회보장연구』26(1)
조은주. 2018.『가족과 통치 - 인구는 어떻게 정치의 문제가 되었나』. 창비.
조일준. 2016.『이주하는 인간, 호모 미그란스: 인류의 이주 역사와 국제 이주의 흐름』. 푸른

역사.
주상현. 2021. "지방자치단체 인구소멸 실태와 정책 방안", 『한국자치행정학보』 35(3)
푸코, 미셸, 2011. 『안전, 영토, 인구 콜레주드프랑스 강의 1977~78년』. 심세광 옮김, 난장.
푸코, 미셸, 2004. 『성의 역사 1: 지식의 의지』. 이규현 옮김, 나남.
하정옥. 2015. "재생산의 문화변동과 국가의 개입: <난임부부 시술비 지원사업>을 통해 본 인구정책의 한계" 『한국여성학』 31(2)
하종원·김태완, 2021, "저출산이 지역 경제성장에 미치는 영향". 『Journal of The Korean Data Analysis Society』 23(3)
한국정부 관계부처합동. 2020. 『제4차 저출산·고령사회 기본계획』.
황인도 외. 2024. "초저출산 및 초고령사회: 극단적 인구구조의 원인, 영향, 대책". 『한국은행 2023년 11월 경제전망보고서 중장기 심층연구』
함인희. 2013. "국가후원 가족주의(State-sponsored Familism)"에 투영된 역설: 싱가포르의 가족정책을 중심으로" 『가족과 문화』 25(2)

Adler, Joseph A. 2003. "Review: the Confucian Body." China Review International 10(2)
Azzi, Corry and Ronald G. Ehrenberg. 1975. "Household Allocation of Time and Church Attendance." Journal of Political Economy 83(1)
Baudin, Thomas. 2015. "Religion and Fertility: The French connection." Demographic Research 32
Berger, Peter and Thomas Luckmann. 1966. The Social Construction of Reality: A Treatise in the Sociology of Knowledge. New York, NY: Anchor.
Cheng, Yen-hsin Alice. 2020. "Ultra-low fertility in East Asia: Confucianism and its discontents." Vienna Yearbook of Population Research (Vol. 18)
D'Antonio, William V. 1980. "The Family and Religion: Exploring a Changing Relationship." Journal for the Scientific Study of Religion 19(2)
Davie, Grace. 2005. "From Obligation to Consumption: A Framework for Reflection in Northern Europe." Political Theology 6(3)
-----. 1990. "Believing without Belonging: Is This the Future of Religion in Britain?" Social Compass 37(4)
Dharmalingam A. & S. Philip Morgan. 2004. "Pervasive Muslim-Hindu Fertility Differences in India." Demography 41(3)
Giddens, Anthony. 1991. Modernity and Self-Identity: Self and Society in the Late Modern Age. Cambridge, UK: Polity Press.
Johnson, T. M. 2004. "Demographic Futures for Christianity and the World Religions." Dialog: A Journal of Theology 43(1)
Jordan, L. M. 2006. Religion and Demography in the United States: A Geographic

Analysis. Doctoral Dissertation. University of Colorado.
Luckmann, Thomas. 1967. The Invisible Religion: The Problem of Religion in Modern Society. New York, NY: Macmillan.
Marcum, John P. 1986. "Explaining Protestant Fertility: Belief, Commitment, and Homogamy." Sociological Quarterly 27(4)
Mayer, Albert J. & Sue Marx. 1957. "Social change, Religion, and Birth Rates." American Journal of Sociology 62(4)
Turner, Bryan S. 1996. The Body and Society: Explorations in Social Theory. London: Sage. 임인숙(역), 서울: 몸과 마음 (2022).
Verter, Bradford. 2003. "Spiritual Capital: Theorizing Religion with Bourdieu against Bourdieu." Sociological Theory 21(2)
West, Christopher (2007). The Theology of the Body Explained. Boston: Pauline Books & Media.
Westoff, Charles F. & Elise F. Jones. 1979. "The End of "Catholic" Fertility." Demography 16(2)
Westoff, Charles F. & Emily A. Marshall. 2010. "Hispanic Fertility, Religion and Religiousness in the U. S.". Population Research and Policy Review 29(4)
Yoo, Kwangsuk. 2022. "Evolution of Korean Megachurch Christianity Intensified by the COVID-19 Pandemic in a Socio-Political Context." Religions 13(https://doi.org/10.3390/rel13111109)

초연결사회의 윤리 문제: 상생 사상과 실천

이경원

* 이 글은 2024년 11월 『종교와 정책』(경희대학교 종교시민문화연구소) 제2호에 게재된 글을 수정 보완한 것이다.

1. 초연결사회와 윤리적 가치의 문제

고대로부터 '연결'에 대한 인식과 사유가 인류의 '보편적 사고'로서 존재했음은 주지의 사실이다. 현대에 이르러 과학기술의 발달로 인류는 물질적으로나 정신적으로 더욱 가까워졌고[1] 그 속에서 연결로 대처할 일이 많아지고, 연결로 파멸에 이르기도 쉬워졌다.[2] 더구나 현재의 인류는 인류를 파괴할 능력도 과학적 발전 못지않게 키웠다.[3] 오늘날은 연결을 넘어 '초연결사회'를 지향한다.

단지 '우리는 연결되어 있다'라는 사실만으로 획득할 수 있는 가치는 중립적이다. 이는 마치 문명사를 발전으로 보느냐 퇴보로 보느냐에 대한 이견이 존재하는 것과 같다.[4] 막연한 미래에 대해 불안해하기 보다는 인류문명이 지향해야 할 바에 대해서 고민하는 것은 학자의 임무에 속하기도 한다. 현대에 이르러 '초연결사회'라는 단어를 상용하는 상황이라면 이미 연결은 기정사실이고 오히려 연결이 불가역

---

[1] 김덕삼·이경자, 「공동체에서 인간과 인공물의 연결에 대한 검토와 제안: 도교적 이론과 사례를 참고하여」, 『가족과 커뮤니티』, 2024, 271-295쪽.
[2] 김덕삼, 「재난공동체와 영성 교육」, 『한국학연구』, 2023, 29-57쪽.
[3] 김덕삼·이경자, 「인간과 AI의 진화 그리고 연결에 대한 성찰」, 『지식융합연구』, 2024, 109-135쪽.
[4] 문명사에 대한 발전론적 관점의 주요 이론가로는 콩도르세 (Marquis de Condorcet:18세기 프랑스 계몽주의 철학자), 허버트 스펜서 (Herbert Spencer; 19세기 영국의 철학자, 사회학자, 사회 진화론을 주장), 레슬리 화이트 (Leslie White; 20세기 미국의 인류학자), 스티븐 핑커 (Steven Pinker; 현대 미국의 심리학자, 인지과학자)등이 있으며, 퇴보론적 관점에서는 장-자크 루소 (Jean-Jacques Rousseau; 18세기 프랑스의 철학자, '고귀한 야만인' 개념 제시), 오스발트 슈펭글러 (Oswald Spengler; 20세기 초 독일의 역사철학자, "서구의 몰락" 주장), 루이스 멈포드 (Lewis Mumford; 20세기 미국의 역사학자, 사회학자), 테오도어 로작 (Theodore Roszak; 20세기 후반 미국의 사회비평가, 현대 산업사회의 비인간화를 비판) 등이 있다. 중도적 또는 복합적 관점에서는 아놀드 토인비 (Arnold Toynbee), 유발 하라리 (Yuval Noah Harari) 등이 있다.

(Irreversible)한 상황임을 선언한 것이나 다름없다.

'초연결(Hyper-Connectivity)'이라는 용어와 개념이 정확히 언제부터 사용되었는가를 추적하기는 쉽지 않다. 다만 인터넷이 상용화되던 시점인 1990년대 후반부터 통신산업계에서 산발적으로 등장해서 2000년대 초반에 이미 연구자들로부터 개념이 제시되었다고 본다.[5] 일각에서는 2008년 미국의 IT 컨설팅 회사 가트너(The Gartner Group)가 처음 사용하여 대중화시켰다고도 한다.[6] 하지만 이 용어가 사회 경제 전반에 확산된 것은 역시 2012년 세계경제포럼(WEF)에서 주목했다는 사실이고, 2016년 행사에서 다시 클라우드 슈밥이 연설한 '4차산업혁명'이라는 화두와 함께 기정사실로 받아들여지게 되었다.[7]

'초연결성'이 지니는 특성에 대해서는 일찍이 프레딧(John Fredette et al.)이 여섯 가지 개념으로 정의한 바 있다.[8] 즉 언제나 연결

---

[5] 캐나다 사회과학자 Anabel Quan-Haase 와 Barry Wellman 이 네트워크 조직과 네트워크 사회에서의 사람 간 및 사람 대 기계 간 커뮤니케이션을 연구하면서 만들어낸 용어라고 한다. (Wellman, Barry (June 2001). "Physical Place and Cyber Place: The Rise of Networked Individualism". International Journal of Urban and Regional Research. 25 (2): 227-52., 비슷한 시기에 캐나다의 통신 장비 제조업체인 노텔 네트웍스(Nortel Networks)는 1990년대 후반에 이미 이 용어를 사용하기 시작했으며, 2000년대 초반에 이를 자사의 비즈니스 전략과 마케팅에 적극적으로 활용했다고 한다. 그들은 'Hyper-Connectivity'를 "언제 어디서나 누구와도 연결될 수 있는 상태"로 정의했다. (참고: Wikipedia; 'Hyperconnectivity')

[6] 사이언스올 과학백과사전 https://www.scienceall.com.

[7] 구글트랜드를 조사해보면 영어 'Hyperconnectivity' 검색은 2007~2008년 사이에 집중적으로 증가했다가 잠잠해졌으며, 한국어 '초연결사회'는 2016년 이후 급증하여 현재까지 지속적인 관심을 받고 있다. 네이버트랜드 데이터를 살펴보면 초연결사회와 관련된 뉴스가 많았던 시기는 특히 2018년과 2022년, 2023년에 갑자기 폭증한 그래프를 보여준다. 이는 2018년 11월24일 KT화재사건으로 인한 위험성 확산과, 코로나 19 이후 온택트의 일상화 그리고 상용화된 AI의 등장이 주된 원인이었던 것으로 분석된다.

[8] John Fredette et al. The Promise and Peril of Hyperconnectivity for Organizations and Societies, p.113, The Global Information Technology Report 2012, World Economic Forum.

되어 있음 (Always on), 쉽게 접근 가능 (Readily accessible), 풍부한 정보 (Information rich), 상호작용적 (Interactive), 사람 간 통신 뿐만 아니라 사물인터넷도 포함, 지속적인 기록 (Always recording) 등이 그것이다. 이러한 초연결성은 인간들 간의 관계를 초월하여 형성되는 사회적 네트워크의 속성을 지닌다고 지적된 바 있다.[9]

현재에 이르러 '초연결사회'는 더 이상 먼 미래가 아닌 우리의 현실로 다가왔다. 2016년 '4차 산업혁명'의 슬로건이 지난 10년간에 걸쳐 확산된 후 사회 각 분야에 걸쳐 많은 변화가 있었고 현재도 진행 중이다. 주로 사회적 관심은 변화할 미래 산업에 능동적으로 대처하고자 하며, 교육, 의료, 금융, 교통, 공공, 제조, 유통 등 산업 각 분야의 트랜드를 쫓아가기에 바쁘다.

필자가 주목하고자 하는 것은 이러한 초연결사회로의 변화를 전제하고 그 변화의 현상에 대응하는 현실적 측면보다는 이러한 변화가 지향하는 윤리적인 가치의 문제에 초점을 맞추고자 한다. 즉 우리는 연결을 경험하고 있고, 연결을 넘어 '초연결'이 구현되는 현실에서 과연 우리 인간은 어떤 바람직한 사회를 원하고 있는가. 인간 삶의 목적이 '행복'을 추구하는 것이라면 '연결'이 가져다주는 부정적인 결과보다는 매우(?) 긍정적인 가치를 발견하고 실현하고자 할 때 비로소 인간다움이 드러날 것이다. 오늘날 '초연결사회'로의 전환을 가능하게 하는 것도 인간이 발명한 기술의 성과이며 그러한 인간의 노력이 지향하는 윤리적인 가치가 제대로 설정될 때 비로소 현재의 노력도 의미를 갖게 된다. '연결'은 의미있는 연결이어야 한다.

최근까지 초연결사회에서의 윤리적 가치에 대한 국제적 연구는

---

[9] 박지웅, 「초연결사회의 정치경제학적 기원과 성격」, 『사회경제평론』 57, 2016, p.273.

여러 각도에서 이루어진 바 있다. 첫째는 인문학적 가치추구이다. 초연결사회에서는 기술이 단순한 도구를 넘어 인간을 재형성하고, 인간 또한 기술을 재형성하는 상호작용이 일어난다. 이에 따라 인간 중심의 사회 구현을 위해 인문학적 가치와 정의를 핵심으로 하는 연구가 진행되고 있다.[10] 둘째는 데이터윤리와 프라이버시 문제이다. 초연결사회에서는 개인의 행동 데이터가 수집, 기록, 저장되어 예상치 못한 방식으로 활용될 수 있어, 이에 대한 윤리적 고려가 중요한 연구 주제로 대두되고 있다.[11] 또한 AI의 의사결정 과정에서 발생할 수 있는 차별적 요소를 분류하고, 윤리적 지침과 모범사례를 연구하는 움직임이 활발하다.[12] 셋째는 연구자들이 디지털 환경에서 전문적 계정과 개인 계정의 통합, 연구 결과의 영구적 디지털 흔적 등 새로운 윤리적 도전에 직면하고 있으므로 이에 대한 해결책을 모색하고 있다는 것이다.[13]

이상의 연구동향에 비추어 본고는 '연결' 나아가서 '초연결'사회가 지향하는 윤리적 가치에 대해서 한국 종교사상의 '상생(相生)'개념에 입각하여 고찰해보고자 한다. 이러한 시도는 기존의 연구동향에서 종교계의 연구가 미약하다는 점, 그리고 이에 대한 대안을 한국 종교사상을 통해 모색해 본다는 점에서 본 연구의 의의가 있다.

21세기에 접어들어 한국사회에서 대대적으로 유행하고 있는 용

---

[10] Patrick Blessinger, In a hyper-connected world, dawns a new age of hyper-learning, 15 April 2023, University World News.
[11] Darja Vrscaj, What makes us human in a hyper-connected era?, Workshop on 'Being Human in a Hyper-connected Era', EP's Scientific Foresight Unit (STOA), 2 December 2014,
[12] 안성원, 「AI에 대한 미국의 사회·윤리 연구 동향 : 정부와 학계」 소프트웨어 정책연구소, 2019.9.24. 기사.
[13] Gulnaz Sibgatullina, Ethics of Studying Illiberalism in a Hyperconnected, Polycrisis-defined Era: An Introduction to the Special Issue, Journal of Illiberalism Studies 4 no. 1 (Spring 2024), May 15, 2024.

어로서 '상생'은 개념상 어떤 사회적 합의도 없이 전 분야에서 활발히 사용하고 있다. 시기적으로는 '초연결사회'라는 용어가 세계적으로 등장하는 시점과 맞물려 '상생'이라는 용어도 한국사회에 적용되었다. 순전히 한국적인 맥락에서 등장한 21세기 용어로서의 '상생'은 아직 공식적인 영어번역이 없는 순수한 '개념어'이다. 따라서 본고에서는 '상생'개념이 지니는 특징을 '초연결사회'가 지향하는 윤리적 가치라는 관점에서 탐구하고 특히 한국종교로서의 대순사상에서 그 기원을 찾아보고자 한다.

2. 한국사회에서 '상생' 용어의 기원과 유행

'상생'이라는 용어가 가지는 고전적 기원과 사상적 배경이 있음에도 불구하고 21세기 전까지는 한국 사회에서 그다지 주목받지 못한 것이 사실이다. 굳이 이유를 찾는다면 그 용어가 유행될 만큼 사회적 영향력 있는 사람의 발언이나 특별한 사회적 계기가 없었기 때문으로 본다. 물론 과거 한국의 민족종교 단체의 교리적 부르짖음(?)이 전혀 영향력이 없었다고는 말할 수 없지만 사회적으로 주목받기에는 역부족이었다고 할 것이다. 현대 사회에서 어떤 단어가 유행이 되기 위해서는 첫째, 미디어의 역할이 중요하고, 둘째, 영향력 있는 사람의 발언이 필요하며, 셋째, 사회적 여건이 조성되어야 한다. 이처럼 한국 사회에서도 '상생'이라는 단어가 유행하기까지는 그 계기가 있었다고 보아야 한다.

일단 민족종교의 활동은 차치하고, 현재까지의 고찰로 미뤄볼 때 '상생'이 미디어에서 강력하게 거론된 계기는 1994년 3월 29일에 개최된 김영삼 전대통령의 북경대 연설 기사가 효시로 보인다. 이 때 김대통령은 한국과 중국은 필연적으로 가까워 질 수밖에 없다고 말하고 '한중 상생의 새 시대를 열자'고 강조했다.[14] 이것은 일국의 대통령이 연설주제로 삼은 내용에 '상생'을 표제어로 사용했기 때문에 그만큼 중요할 수 밖에 없고 또한 국내 파급력도 컸다고 생각된다. 이후에 김대중 전대통령도 '상생'용어를 공식 사용하였다. 2000년 3월 9일에 김대통령이 유럽 순방중 독일 베를린자유대학에서 연설한 '한반도 평화와 통일을 위한 남북 화해 협력 선언'(베를린선언)에서 그 취지를 "남북관계를 상호 이익이 되고 도움이 되는 방향에서 주고받는 상생 관계로 전환시키기 위함."이라고 밝혔다.[15] 또한 2002년 4월에는 청와대 국무회의에서 경제계를 향해 ' 상생의 새 노사문화'를 강조하기도 하였다.[16] 2008년 2월에 이명박 전대통령은 취임하면서 통일부 정책으로 '상생과 공영의 대북정책'을 내세웠다.[17] 이렇게 역대 대통령의 공식 연설에서 주창된 '상생'은 주로 정치적 이념 차원에서 사용되었지만 그 파급효과는 막대했다. 당장 국내 경제계에서 이러한 '상생'용어를 도입하여 경제 주체들 간의 상생을 논의하는 장이 마련되었고 급기야는 '상생법' 제정에까지 이르게 되었던 것이다.

---

14   https://imnews.imbc.com/replay/1994/nwdesk/article/1925735_30690.html
15   https://gongu.copyright.or.kr/gongu/wrt/wrt/view.do?wrtSn=12851357&menuNo=200019
16   https://news.kbs.co.kr/news/view.do?ncd=307076
17   https://unikorea.go.kr/books/archive/archive/?boardId=bbs_0000000000000043&mode=view&cntId=19674&category=&pageIdx=9

20세기 말 대기업과 중소기업 사이의 수익성, 임금, 미래혁신역량 면에서 격차가 확대되자, 대기업과 중소기업의 경쟁력을 동시에 제고하면서 상호 양극화 해소를 통한 동반성장을 달성하기 위한 정책이 필요하게 되었다. 전국경제인연합회(전경련)에서는 2000년대에 접어들어 '상생협력협의회'를 구성하였으며, 대기업과 중소기업의 협력체계 구축을 위해 노력하였다. 이것은 아마도 대통령의 상생 발언에 영향을 받아서 새로운 노사문화 혹은 기업 간의 상호 협력을 유도하는 새로운 슬로건으로 사용되었다고 본다. 2003년 2월 노무현 대통령의 집권으로 균형발전이 강조되면서 2004년 7월 중소기업 경쟁력 강화 종합대책이 발표되었고 2005년 5월 16일 노무현 대통령 주재로 대중소기업상생협력 대책회의가 열렸다. 그리고 대중소기업상생협력을 제도적으로 촉진하기 위해 2006년 3월 3일 「대·중소기업 상생협력 촉진에 관한 법률」이 법률 제7864호로 신규 제정되었다. 이 상생법의 기본 취지는 제1조 목적에서 "대기업과 중소기업간 상생의 협력관계를 공고히 하여 대기업과 중소기업의 경쟁력을 제고하고 대기업과 중소기업의 양극화 해소를 통한 동반성장을 달성함으로써 국민경제의 지속 성장의 기반을 마련함을 목적으로 한다."고 밝히고 있다.[18] 여기서 제2조 정의에 의하면 "상생협력이란 대기업과 중소기업 간, 중소기업 상호간 또는 위탁기업과 수탁기업(受託企業) 간에 기술, 인력, 자금, 구매, 판로 등의 부문에서 서로 이익을 증진하기 위하여 하는 공동의 활동을 말한다."라고 규정하고 있다.

　　이후에 한국사회에서 '상생'이라는 용어는 다방면으로 확산되었

18　법령집 대·중소기업 상생협력 촉진에 관한 법률 (약칭: 상생협력법) [시행 2014. 7. 22.] [법률 제12307호, 2014. 1. 21 참조.

으며, 폭넓은 스팩트럼을 지니고 사용되었다. 정치계에서는 여야간의 화합과 타협 그리고 '상생정치'라는 용어가 빈번하게 사용되며, 국제간에서도 '상생 파트너쉽' '상생 협력관계'를 강조한다. 경제계에서는 문재인 대통령 시기에 이미 '상생경제'라는 용어를 사용하였으며, 상생경영, 지역상생, 상생카드, 상생스마트공장, 상생도시, 상생상회, 상생복권, 스타벅스의 '상생음료', 삼성 기업의 '상생프로젝트'등으로 확산되었다. 문화적으로는 지역간의 협력을 '상생문화'로 표현하기도 하고, 상생형 문화거리, 상생문화지원센타 등이 설립되었다. 교육계에서는 지자체와 교육청의 상생을 강조하는 '교육상생'이라는 용어가 있으며, 신규직원을 대상으로 한 '상생교육'이 있고, 대학에서는 '상생교육 심포지엄'을 개최하기도 한다. 환경 생태계에서는 '상생의 삶의 터전' '상생의 교육생태계' '친환경 상생'등의 구호가 있다. 의료계에서는 '상생병원'이 설립되어 운영되기도 하였다.

이처럼 한국사회에서 '상생'용어는 사회 각 분야에서 활발히 사용되어 한국어의 보편적 용어로 자리 잡았으며 이미 모종의 개념이 공유되고 있는 실정이라 하겠다. 그렇다면 여기서 기존의 '상생'은 대략 어떤 의미로 유통되고 있는가 정리해 볼 필요가 있다.

3. 상생 개념의 사회적 인식

'상생'은 그동안 한국사회에서 유행하는 과정에서 사회적 통념이 생겼고 대체로 동의하는 개념을 형성했다. 그 주요한 개념의 내포와 외연들을 살펴보면 대체로 다음과 같다.

공생 공존

공생(Symbiosis)은 원래 생물학적 용어로 사용되었다. 공생'이란 일단 서로 다른 생물체(대개 미생물을 포함한다) 사이의 장기적인 긴밀한 협력관계를 나타내기 위하여 사용하는 용어로서, 여러 종류의 식물, 동물 그리고 균류 사이에 존재하는 다양한 범위의 유사한 동맹을 뜻한다.[19] 이러한 공생의 유형으로는 상리공생(相利共生, Mutualism), 편리공생(片利共生, Commensalism), 편해공생(片害共生, Amensalism), 기생(寄生, Parasitism) 등이 있다. 그런데 이러한 공생 개념을 보편적으로 적용하게 되면 인간사회뿐만이 아니라 모든 자연만물 상호 간의 의존관계로 보고 일종의 유기체적 세계관을 대변하는 용어로 인식하는 경향이 있다. 그리하여 생태와 환경친화적인 사고에 대해 우주 생명이 일체가 된 '공생'의 철학으로 규정하기도 하고,[20] 급기야 '공생'하는 모든 존재가 서로 아끼며 돕고 사는 것을 상생이라고 규정한다.[21]

공존(Coexistence)은 주로 정치 사회적인 용어로 사용된다. 국어에서는 함께(共) 존재(存在)한다는 뜻으로 풀이되며 여러 개체나 집단이 같이 있음을 나타낸다. 이때 같이 있다는 것은 사회적 관점에서

---

19 이경원, 「대순진리회의 상생이념에 관한 연구」, 『대순사상논총』 제18집, 대순사상학술원, 2004, p.39.
20 최재목, 『양명학과 공생동심.교육의이념』, 영남대학교출판부, 1999, pp.69~102참조.
21 이근식, 『상생적 자유주의』-자유 평등 상생과 사회발전, 돌베게, 2009. p.142.

볼 때 서로 위해를 가하지 않고 시공간을 공유하며 생활하는 상태를 말하며, 단순히 함께 존재하는 것을 넘어 비폭력 상태가 유지되는 것을 말한다.[22] 기존 연구에 의하면 공존의 특성은, "이상적인 평화상태만을 의미하지 않으며, 과정적 성격을 가진다. 또한 다양한 층위와 형태로 나타나고 (제도, 문화, 인식 등) 통합 정도와 일방적 부과 정도에 따라 다른 양상을 보인다. 그래서 공존의 가치는 평화를 향한 실천 과정에서 찾을 수 있고, 이상적 상태 자체보다 그것을 향해 나아가는 노력이 중요하며, 정치 경제적 불평등 해소와 사회문화적 차이 존중이 핵심"이라고 본다.[23] 한편 이러한 공존은 상생과 유사하게 이해되지만, 공존이 상호 간의 차이를 기반으로 한 관계 구도의 다양성을 나타내고 하나의 과정적 성격이라면, 상생은 변화의 지향성을 나타내고 관계 균형을 포함한다고 지적하기도 하였다.[24] 인터넷 기사에서 공존이 상생의 의미로 사용된 사례를 살펴보면 '도시와 농촌의 공존' '대형마트와 전통시장의 공존' '플랫폼과 소상공인 공존' '지역간의 공존' '세대 간의 공존' 등이 있다.

협력 화합

인터넷의 수많은 기사에서 검색되는 '상생'의 보편적 의미는 상호관계에서의 협력과 화합이다. 기존의 분열, 갈등, 대립의 관계를 전환

---

[22] Eugene Weiner, ed., The Handbook of Interethnic Coexistence, (New York: Continuum, 1998).
[23] 천경효, 「적극적 평화로서의 공존의 가치」, 『통일과 평화』11집 2호, 2019 참조.
[24] 김정하, 「공존과 상생」, 『지중해지역원 에세이』, 2021.2.8. (https://ims.or.kr/ims/essay/14?sfl=wr_subject&stx=%EC%83%81%EC%83%9D&sop=and

하여 소통, 화해를 통한 협력과 화합의 관계를 구축하는 것을 상생으로 규정한다. 그 사례들을 대체로 정리해 보면 다음과 같다.

첫째는 지역간 협력과 화합이다. '영호남 상생협력 화합대축전'에서는 문화예술로 소통하고 화합하는 대규모 문화축제, '지금은 지방시대, 하나 되는 영호남' 슬로건, 상생장터, 사투리큰잔치 등 화합 프로그램 운영 등이 있다. '신라-백제 문화권 상생협력 포럼'도 이에 속한다.

둘째는 정치권의 협력과 화합이다. 여야간의 통합과 상생의 정치, 정파를 넘어선 화합과 소통을 강조하는 정치적 의미의 상생이다.

셋째는 노사 간의 화합이다. 한전KDN 노사 화합 사례에서 보면 노사공동 윤리헌장 선언, 상호 신뢰 바탕의 상생 문화 구축, 협력적 노사관계 구축 등에서 상생을 화합의 의미로 해석하고 있다.

넷째는 세대 간 화합이다. 시니어 일자리 창출 프로그램, 스타벅스의 시니어 바리스타 교육, 세대 간 이해와 소통 증진, 노인 일자리와 사회통합을 동시 추구하는 것 등이 있다.

다섯째는 도농 간 화합이다. '도농상생 공공급식' '도시와 농촌의 상호 이해 증진' '직거래를 통한 신뢰 구축' '먹거리를 통한 도농 화합' 등이 있다.

여섯째는 문화적 화합이다. 한국-중앙아시아 교류에서 문화예술을 통한 국제 화합, 상호 문화 이해 증진, 지속 가능한 협력 관계 구축 등이 있다.

일곱째는 산업계의 화합이다. '대중소기업 상생협력 포럼' '기업 규모를 넘어선 협력 도모' '동반성장을 위한 대화' '산업 생태계 내 화합 추구' 등이 있다.

상호 이익

여기서 상호 이익은 영어의 'win-win' 관계로 규정될 수 있다. 협력과 화합의 차원에서 나아가 상호관계에서 이익을 추구하며 그 관계된 주체들이 모두 이익을 얻는다면 더욱 적극적인 관계를 형성하게 될 것이다. 상생을 보다 적극적인 의미로 해석하는 과정에서 이와 같은 '상호이익'의 의미로 규정하는 경향이 있다.

첫째는 기업 간 상호 이익이다. '삼성 스마트공장 3.0 사업'의 사례에서는 대기업이 협력사 경쟁력 강화로 supply chain 안정화를 이루고, 중소기업은 생산성 향상, 기술력 확보를 이룬다는 계획이다.[25]

둘째는 도농간의 상호 이익이다. '상생상회' 운영을 예로 들면 생산자는 낮은 수수료, 안정적 판로를 확보하고, 소비자는 안전한 먹거리를 구입한다는 것이다. 현재 169개 지역 1,050개 업체가 참여하고 있다.[26]

셋째, 지역 간 상호 이익이다. '광주-나주 광역철도사업'에서는 광주는 도시 확장성을 확보하고, 나주에서는 교통 편의성을 증진한다는 것이다. 양 도시 간 48분의 시간 단축 효과가 있다고 한다.[27]

넷째는 플랫폼 기업과 소상공인 간의 상호 이익이다. '배민-전국가맹점주협의회 상생협의회'의 사례를 보면 플랫폼기업은 가맹점과의 안정적 관계를 구축하고, 가맹점은 수수료 등 운영환경을 개선해서

---

[25] https://news.samsung.com/kr/%EC%82%BC%EC%84%B1-%E4%B8%AD%E4%BC%81%E2%88%99%EC%A7%80%EC%97%AD%EA%B3%BC-%ED%95%A8%EA%BB%98-%EC%84%B1%EC%9E%A5%ED%95%98%EB%8A%94-%EC%8A%A4%EB%A7%88%ED%8A%B8%EA%B3%B5%EC%9E%A5-3-0-%EC%8B%9C

[26] https://tomorrows-table.com/ssangsaengseoul

[27] http://m.kwangju.co.kr/article.php?aid=1716891300768815360

지속가능한 사업모델을 구축하자는 것이다.[28]

다섯째는 산학협력 상호 이익이다. 부산 의료수학센터 사례에 의하면 대학은 연구성과를 실용화할 수 있고, 기업은 전문 기술 지원을 받고, 병원은 의료서비스를 개선할 수 있다는 것이다.[29]

여섯째는 노사 간의 상호 이익이다. 한전KDN의 단체협약 사례를 보면 노동자는 근로조건이 개선되고, 회사는 생산성이 향상되며, 안전관리 체계를 구축할 수 있다는 것이다.[30]

일곱째는 정부-기업 간의 상호 이익이다. '대·중소기업 상생협력 기금'을 조성하면 정부는 산업 생태계를 강화할 수 있고, 기업은 세제 혜택 수혜가 있으며 협력사는 발전 기반을 확보한다는 것이다.[31]

이러한 사례들에서 나타난 상생의 의미는 참여 주체들이 각각 실질적인 이익을 얻으면서도 전체적으로는 더 큰 가치를 창출하는 win-win 구조를 보여준다. 단기적 이익을 넘어 지속가능한 상호 이익 관계를 구축함으로써 특히 경제적 가치나 실용적 효용이 명확하게 드러나는 것이 특징이다.

상호 의존과 지원

'상호 의존'이란 자신의 존립을 위해서는 반드시 상대방의 존립이 필요하다는 의미이다. 이것은 반대로 상대방의 소멸이 곧 자신의 소멸

---

[28] https://www.ekoreanews.co.kr/news/articleView.html?idxno=48729
[29] https://www.hankyung.com/article/2024112772931
[30] https://www.energy-news.co.kr/news/articleView.html?idxno=71561
[31] https://www.mss.go.kr/site/smba/ex/bbs/View.do?cbIdx=86&bcIdx=1010001&parentSeq=1010001

을 뜻한다. 따라서 상호관계는 서로의 존립을 필요로 하기 때문에 적극적으로 상대방을 조력하는 관계가 성립한다는 것이다. 상생은 이와 같은 '상호의존과 지원'이라는 의미로도 사용된다. 대표적 사례는 주로 대기업과 중소기업의 관계에서 찾아볼 수 있다.

'SK그룹의 상생협력 프로그램'에 의하면 협력사의 성장을 회사의 핵심 경쟁력으로 인식하고, 협력사와 스타트업을 지원하기 위한 상생협력 프로그램을 마련했다.[32] SK텔레콤은 AI 스타트업과 협업하여 글로벌 진출을 지원하고 있으며, SK이노베이션은 '행복동행' 프로그램을 통해 구성원들이 기본급을 모아 협력사를 지원하고 있다. 포스코는 중소기업들과의 상생을 위해 납품단가 연동제를 선제적으로 시행하고, 중소벤처기업부와 협력하여 제도 확산에 기여하고 있다. 이는 중소기업들이 원재료 가격 변동에 따른 납품 대금을 조정할 수 있도록 하여 안정적인 경영 환경을 제공하는 데 도움을 주고 있다. 삼성은 '스마트공장 보급 사업'에서 기술 전문 멘토를 파견하여 중소기업의 소재·부품·장비 국산화를 지원했다.[33] 이는 대기업이 자신의 역량을 개방하고 중소기업을 지원함으로써 상호 의존 관계를 강화한 사례라고 할 수 있다.

지역간의 상호의존과 지원도 다양하다. 한국의 지방자치단체들은 상호 협력 네트워크를 구축하여 자치단체 내부의 역량 한계를 극복하고 공동의 이익을 위한 생산적 서비스를 창출하고 있다. 이러한 협력은 상호 의존과 지원을 통해 지역사회의 발전을 도모하는 좋은 예라고 할 수 있다.

---

[32] https://www.greenpostkorea.co.kr/news/articleView.html?idxno=220813
[33] https://www.samsung.com/sec/sustainability/popup/popup_doc/AYStS66aC68AIyC3/

기타

현재 한국 사회에서 유행하는 상생의 의미에 대한 스펙트럼은 매우 넓다. 인터넷 기사는 물론이고, '상생'이라는 단어를 제목으로 내건 시중의 단행본도 1백권에 달한다. 상생의 개념을 명확히 규정하기보다는 주로 통념을 전제하거나 사회현상에 치중하는 경우가 대부분이다. 따라서 앞의 네 가지 의미 외에도 상생의 개념은 외연이 매우 넓다고 할 수 있다.

예를 들면 지역간 격차가 해소된 '균형발전', 사회적 약자를 배려하고 소외된 계층에 대한 기회를 제공하는 '포용성', 환경보호와 개발이 조화를 이루는 '지속가능성', 기술과 노하우의 '공유', 지역간 문화적 이해증진을 위한 '문화교류', 기업의 지역사회 공헌에 나타난 '사회적 책임', 산학연 협력체계를 위한 '네트워크 구축', 중소기업 경쟁력 제고를 통한 '자생력 강화', 상호이해와 존중을 통한 '신뢰구축', 공동의 시너지효과를 통한 '가치창출' 등이 그것이다.

이러한 다양한 의미들은 '상생'이 단순한 경제적 협력을 넘어서는 포괄적이고 다차원적인 개념임을 보여준다. 상생은 이제 사회통념상 정치, 경제, 사회, 문화, 환경 등 다양한 영역에서 조화로운 발전을 추구하는 통합적 가치라고 여겨지고 있다.

4. 상생개념의 종교계 담론

'상생'이 한국사회에서 유행하는 동안 종교계에서도 반응하여 종교 간 갈등을 극복하고 화해 혹은 상생을 위한 대화의 장이 시도되었다. 이것은 '상생' 개념 그 자체보다는 '상생'이 종교 간의 대화와 화합을 위한 슬로건으로 사용된 것을 말한다. 2008년에 불교신문사에서 주관한 특별좌담회 '종교간 화해와 상생, 어떻게 이룰 것인가',[34] 2010년에 천지일보사가 주관한 좌담회 '종교, 화합과 상생을 말하다'[35]등이 대표적이다. 오히려 상생 개념에 천착하여 개별종교의 상생사상 혹은 상생정신을 고찰한 것은 2004년 한국신종교학회의 학술행사에서 논의한 것이 시기적으로 앞선다. 본 장에서는 이 행사에서 논의된 개별종교의 '상생'사상을 간략히 요약해보는 것으로 대신하겠다.

첫째, 상생은 생명 사상과 직결되어 있다고 본다. 특히 동아시아 종교문화에서 나타난 '생명'개념은 인간, 자연, 환경이 하나로 연결된 생태주의적 세계관을 나타내며, 상생은 이러한 세계관의 연장선상에서 실현해야 될 주요한 사회적 가치관에 해당한다.[36]

둘째, 김홍철의 연구에서 동아시아의 상생은 서로 함께 잘 사는 것을 의미하는 공생의 정신이다. 특히 증산(姜一淳)의 상생사상은 해원(解冤)을 전제로 한 상생을 강조하였으며, 소태산(朴重彬)은 만물이 상생상화(相生相和)로 조화 발전한다고 하고, 은(恩)의 원리를 통한 상생을 강조하였다. 따라서 생명존중 사상과 상생 원리의 실천이 현대

34　https://www.ibulgyo.com/news/articleView.html?idxno=90250
35　https://www.newscj.com/news/articleView.html?idxno=53782
36　『신종교연구』 제12집, 한국신종교학회, 2005, pp.11-56 참조.

인류의 중요한 덕목이라고 하였다.[37]

셋째, 이재헌의 연구에서 금강대도는 오중(午中) 평등사상을 가지고 있으며, 오중은 선천과 후천이 교차하는 과도기를 의미한다. 이때는 모든 삼라만상이 평등하므로 상생과 조화의 정신과 통한다고 보았다. 이로써 유불선(儒佛仙) 삼종일합(三宗一合)과 종교 간의 화해도 가능하다고 본다.[38]

넷째, 이찬구의 연구에서 상생은 우선 최고운의 '접화군생(接化群生)'에 근원을 둔다고 보고, 주역의 '지천태'괘의 '輔相天地之宜以左右民'(천지의 마땅함을 도움으로써 백성을 다스린다)에 그 뜻이 함축되어 있다고 보았다. 수운교(동학)에는 해원상생의 정신이 있다고 하고, 이는 '상대성과 유기적 관계성 강조' '생명의 상호연관성과 조화 중시' '인간과 천지만물의 평등한 관계 지향'의 특징을 지닌다고 하였다.[39]

다섯째, 박광수의 연구에서 원불교는 은(恩)의 원리에 바탕한 해원상생 사상을 지닌다고 하였다. 천지은, 부모은, 동포은, 법률은으로 대변되는 사은(四恩)사상은 없어서는 살 수 없는 관계로서의 은(恩) 개념과 모든 존재의 상호 연기적(緣起的) 관계를 강조한다. 따라서 강자 약자 대립 갈등의 해결 방안으로서 '자리이타(自利利他)'의 원칙을 제시하고, 강자는 약자를 도와 강자로 진화시키고, 약자는 강자를 본받아 발전하는 상생 구조를 강조한다.[40]

---

37 김홍철,「동아시아에 있어서 상생정신에 관하여」,『신종교연구』제12집, 2005, pp.11-22 참조.
38 이재헌,「금강대도를 통해서 본 상생과 화해의 실마리」,『신종교연구』제12집, 2005, pp.57-78 참조.
39 이찬구,「수운교(동학)에 있어서의 생명사상과 해원상생의 정신」,『신종교연구』제12집, 2005, pp.79-110 참조.
40 박광수,「원불교의 상생사상-사은을 중심으로」,『신종교연구』제12집, 2005, pp.111-130 참조.

여섯째, 김항제의 연구에서 통일교는 생명의 원천과 원리 인식에 따른 생명사상을 지니고 있으며 우주생명을 지향한다고 본다. 이에 생명에 대한 통일사상에 근거한 생명윤리는 한마디로 상생의 정신이 담지되어 있는 생명윤리라고 할 수 있다. 통일교의 상생정신을 요약하면 수수작용(授受作用)의 원리를 통한 상생 실현, 모든 존재의 조화와 합성일체화(合性一體化) 강조, 가정을 통한 상생의 실천(축복결혼 등), 공생·공영·공의주의를 통한 평화세계 건설 지향 등이 있다.[41]

일곱째, 한재훈의 연구에서 갱정유도는 1928년 창도되었으며, 현세를 무극(無極), 지도(地道), 음도(陰道), 금수(禽獸)의 세상으로 진단하고 도덕성이 상실된 시대로 보았으며 이를 상극(相克)의 시대로 규정한다. 그리고 도래할 시대를 상생(相生)의 시대라고 하고, 이때는 태극(太極), 인도(人道), 양도(陽道), 도덕이 있는 시대, 인간 본연의 춘심(春心)을 위주로 하는 세상이 된다고 하였다. 갱정유도의 상생사상은 천지를 부모로, 만물을 형제로 보는 관점을 제시하고, 이어서 효(孝)의 실천을 통한 천지부모의 뜻(生生과 相生)을 구현하며, 자신만 알고 타인을 잊는 이기심을 버리고 상호 화해와 화합을 추구할 것을 강조한다.[42]

이상에서 살펴본 바와 같이 한국종교 특히 한국신종교(민족종교)의 사상에서 특별히 '상생'정신에 주목하고 있음을 알 수 있으며 저마다 '상생'이 그 개별 종교전통에서 공통의 사상으로 전승되고 있음을 강조한다. 따라서 '상생'개념은 21세기 한국사회에서 유행하기 이전에 이미 한국종교의 정신에서 이어져온 것임을 감안하고, 하나의 종교사

---

41 김항제, 「통일교의 생명사상과 생명윤리」, 『신종교연구』제12집, 2005, pp.131-154 참조.
42 한재훈, 「갱정유도의 상생사상」, 『신종교연구』제12집, 2005, pp.155-177 참조.

상 내에서 상생사상이 지니는 논리를 집중고찰함으로써 그 담론을 심화할 수 있을 것으로 본다.

다음 장에서는 '해원상생' 슬로건으로 잘 알려진 한국종교 대순진리회의 교리 사상에 나타난 '상생' 원리의 특징을 살펴보기로 하겠다.

5. 대순사상에서의 상생교리

'상생'의 고전적 전거

상생은 한자의 상(相)과 생(生)이 서로 결합되어 이루어진 단어이다. '상'(相)의 의미는 곧 눈이 모든 사물을 접하고 있다는데서 무릇 '저것과 이것이 서로 접하는 것은 모두 상(相)'이라고 말할 수 있으며, 서로 만나서 도움을 주게 되면 이것은 '보지 못하는 사람을 대신하여 볼 수 있도록 도와준다'는 의미에서의 상(相)'이 된다.[43] 『주역(周易)』에서도 이러한 '상'(相)자의 의미가 그대로 적용되고 있음을 볼 수 있는데, 주로 상반된 자연사물이나 성질의 밀접한 관계성을 묘사하는 단어로서 '서로 더불다'(相與)라는 의미와 '도우다'(輔相)라는 의미가 고루 사용되고 있다.[44] 이로써 알 수 있듯이 상(相)은 사물과 사물의 만

43　許愼 『說文解字』四篇 上,8「相, 省視也, 從目木, 易曰, 地可觀者, 莫可觀於木」이에 대한 段玉裁의 注에 따르면「目接物曰相, 故凡彼此交接皆曰相, 其交接而扶助者, 則爲相瞽之相」라고 하였다.
44　『易經』大過卦, 象曰「老夫女妻,過以相與也」, 咸卦 象曰「咸 ,感也, 柔上而剛下, 二氣

남을 전제로 하는 '상호'(相互)의 의미를 기본으로 하고 있으며, 나아가 '서로 도움을 주다'는 의미로까지 확대하여 이해될 수 있다.

'생(生)'자의 의미에 대해서 살펴보면 주역에 "천지의 큰 덕을 가리켜 생(生)이라고 한다"[45]하였다. 이 때 '천지'(天地)는 각각 음(陰)과 양(陽)을 대표하는 사물로서 모든 생(生)의 근저를 이루며, 그러한 천지의 덕을 합한 대덕(大德)의 결과가 곧 생으로 나타난다는 말이다.[46] 이러한 생이 다양하게 엮어져 변화해 가는 현상세계를 두고서 『주역』에서는 '역'(易)이라는 말로 규정하고 있으며,[47] 이러한 역에는 또한 불변의 이치에 해당하는 태극(太極)이 있어서 이것이 음양(陰陽), 사상(四象) 팔괘(八卦)를 형성하고 만물을 생성하는 이론적 근거가 되고 있음을 밝히고 있다.[48] 요약하면 '생'이란 먼저 궁극자로서의 태극에 근거를 두고 그에 내재한 양면적 속성이 각각 하나의 덕을 이루면서 만물 간의 대대(對待) 관계성이 규정되며, 나아가 그러한 관계 하에 놓여진 사물의 덕성이 상호 결합되어 나타나는 현상의 총체를 말하고 있다.

이상에서 살펴본 상(相)과 생(生)이 서로 결합되어 이루어진 단어로서 '상생'(相生)은 고전에서 어떤 의미로 사용되었을까. 먼저 노자(老子)의 『도덕경(道德經)』에 언급되어 있는 '상생'의 의미부터 살펴보기로 하자.

感應以相與…」, 恆卦 象曰「久也, 剛上而柔下, 雷風相與…」, 泰卦 象曰「…成天地之道, 輔相天地之宜, 以左右民」井卦 象曰「木上有水, 井; 君子以勞民勸相」
45 『易經』繫辭下傳 第一章「天地之大德曰生」
46 『易經』繫辭下傳 第六章「…乾陽物也, 坤陰物也, 陰陽合德, 而剛柔有體…」
47 『易經』繫辭上傳 第五章「生生之謂易, 成象之謂乾, 效法之謂坤…」
48 『易經』繫辭上傳 第十一章「是故, 易有太極, 是生兩儀, 兩儀生四象, 四象生八卦, 八卦定吉凶, 吉凶生大業」

세상 사람들 모두는 (어떤 것이) 아름답다고 하여 아름다운 줄 알지만 이는 추할 따름이요, 선한 것을 선하다고 알지만 이는 선하지 않을 따름이다. 그러므로 있음(有)과 없음(無)이 서로 생겨나며(相生), 어렵고 쉬운 것이 서로 이루며, 길고 짧은 것이 서로 견주며, 높고 낮은 것이 서로 기울어지고, 음과 소리가 서로 조화되며, 앞과 뒤가 서로 따른다.[49]

윗 글에서 보면 일단 '있음과 없음이 서로 생겨난다'고 할 때의 '유무상생(有無相生)' 구절에서 상생의 의미를 유추할 수 있다. 즉 '상'은 각각 유와 무의 상호관계성을 전제하고 있으며 이는 '난이'(難易) '장단'(長短) '고하'(高下)등에서도 그 개념들이 모두 상대적으로 성립됨을 언급하고 있다. 아름다움이 추함을 전제하여 성립하듯이 '유'도 '무'에 의해서 성립한다는 말이다.[50] 상대적인 세계에서 유와 무는 항상 독립된 것이 될 수 없으며 '유생어무'(有生於無)이고 '무생어유'(無生於有)라는 것이다. 따라서 모든 사물은 언제나 그 상대적인 관계 속에서 성립함을 이해하는 것이 '도(道)'를 깨닫는 길이 됨을 강조하고 있다.[51] 여기서 왕필(王弼)의 주석을 주목할 필요가 있다. 왕필은 말하기를 "아름다움과 추함은 기뻐함과 성냄과 같고, 선함과 선하지 않음은 옳고 그름과 같다. 기뻐함과 노함은 근원이 같고 옳고 그름은 문이 같다. 그러므로 한 쪽만을 거론해서는 안된다."[52]고 한다. 이 때 그 '근원이 같음'은 '생'의 의미에서도 살펴본 바 있듯이 동일한 원리에 내재한 양면

---

49 老子『道德經』제2장「天下皆知美之爲美, 斯惡已, 皆知善之爲善, 斯不善已. 故有無相生, 難易相成, 長短相較, 高下相傾, 音聲相和, 前後相隨.」
50 老子는 다른 부분에서 '天下萬物生於有, 有生於無'(40장)라고 하여 '있음'(有)이 '없음'(無)을 전제로 하여 성립되는 개념임을 밝히고 있다.
51 김학목「《道德經》에서 道의 체득에 관한 고찰」『道敎學硏究』제15집, 1999, p.127.
52 『道德經』王弼注「…美惡猶喜怒也, 善不善猶是非也. 喜怒同根, 是非同門, 故不可得而偏擧也.」

적 속성과도 같은 것이다. 유와 무의 상대적 개념이 생겨나는 것은 바로 그 근원적인 일체를 이루는 '도'(道)의 원리에 의해 하나로 통일되고 있음을 볼 수 있어야 한다. 결국 노자의 '상생'은 모든 개념의 상대성을 주장하기 위한 데 의의를 두고 그 근거로서의 '도'를 체득하는 데 사상적 본질이 놓여 있다 하겠다.

장자의 설명에서도 이러한 의미의 '상생'은 노자의 이론을 계승하고 있다.

저 환히 빛남은 아득히 어두운 곳에서 생겨나고, 형체있음은 형체없음에서 생겨나며, 정신은 도(道)에서 생겨나고, 형질은 정기에서 생겨난다. 그러나 만물은 형체로써 서로 생겨난다(相生).[53]

여기서 보이는 '상생'의 의미라든지, '사시가 순환하면서 서로 생겨났다(相生)가 서로 소멸되고…편안함과 위급함이 서로 바뀌며, 화복(禍福)이 서로 생겨나고(相生)…'[54] 등에서 살펴볼 수 있는 상생은 모두 동일한 본체의 양면성 혹은 상대성을 밝히기 위한 데 설명의 목적이 있다고 보여진다.

『손자병법(孫子兵法)』에서도 "전세(戰勢)는 기(奇)와 정(正)에 지나지 않으니, 기(奇)와 정(正)의 변화는 이루 다 궁리할 수가 없다. 기(奇)와 정(正)이 서로 생겨남(相生)은 마치 끝없이 순환하는 것과 같으니 누가 그것을 다 알리오?"[55]라고 하여 하나의 본원에 따른 상대적 가

---

53 『莊子』外篇, 知北遊「夫昭昭生於冥冥,有倫生於無形,精神生於道,形本生於精,而萬物以形相生…」
54 『莊子』雜篇,則陽「陰陽相照相蓋相治,四時相代相生相殺,欲惡去就於是橋起,雌雄片合於是庸有. 安危相易,禍福相生…」
55 『孫子兵法』勢篇第五,「戰勢不過奇正,奇正之變,不可勝窮之也.奇正相生,如循環之

치의 발생을 말하고 있다.

한편 상생이라는 용어는 전통적으로 '오행설'(五行說)에 입각하여 이해될 수 있다.[56] 이러한 오행설에는 '상극'(相克)이라는 개념도 같이 대비적으로 사용되고 있는데, 먼저 그 기본적인 관계를 살펴보면 다음과 같다.

목(木)이 화(火)를 생(生)하며, 화(火)가 토(土)를 생하며 토(土)가 금(金)을 생하며, 금(金)이 수(水)를 생하며, 수(水)가 목(木)을 생하는 것을 일러 상생이라고 한다. 화가 금을 극(克)하며, 금이 목을 극하며, 목이 토를 극하며, 토가 수를 극하며, 수가 화를 극하는 것을 일러 상극(相剋)이라고 한다.[57]

즉 목 화 토 금 수의 다섯 가지 성질이 서로를 생(生)하기도 하고 극(克)하기도 한다는 데서 상생과 상극의 관계가 도출된다. 상생(相生)은 목생화, 화생토, 토생금 등과 같이 서로를 생겨나게 해주는 관계를 말한다. 하지만 상극(相克)은 목극토, 토극수, 수극화 등과 같이 서로를 생겨나게 할 수 없는 상반된 성질의 관계를 보여준다. 마치 상호 배척하며 적대적인 관계로까지 보여지는 현상을 설명하고 있다. 하지

無端, 孰能窮之」
56 오행관념의 기원에 대해서는 크게 세 가지로 나뉘어 고찰될 수 있다. 첫째는 '天'기원설로서「홍범」에서 "하늘이 우왕에게 홍범구주를 내리셨다.…첫번째를 오행이라고 한다"에 근거를 두며, 둘째는 五方기원설로서 은나라 민족의 '五'숭배설에서 찾는 것이며, 셋째는 '五材'기원설로서 생활에 불가결한 다섯가지 재료 곧 수,화,금,목,토에서 유래하며 이외에도 五聲, 五味, 五色, 五義, 五官등과도 밀접한 관련을 지니고 있는 것으로 보았다. (謝松齡 지음/김홍경외 번역『음양오행이란 무엇인가』, 연암출판사, 1995, pp.60~66참조)
57 『拾芥抄』下末, 五行器「木生火,火生土,土生金,金生水,水生木,謂之相生, 火克金,金克木,木克土,土克水,水克火,謂之相剋」

만 오행은 모두 하나의 음양에서 분화되며, 음양은 또 하나의 태극에 본원을 둔다. 음양의 상호관계에 대한 대표적인 해석은 '대대(對待)'이다.[58] 음양 '대대'는 상반적 또는 상호 모순적 관계를 상호 배척적 관계로 보는 것이 아니라 상호성취의 관계, 나아가 운동의 추동력의 근거로 본다. 이는 '상반상성'(相反相成)의 논리와 통하는데 같은 성(性) 같은 극(極)끼리는 서로 배척하며, 반대되는 성, 극끼리는 서로 감응함으로써 조화되고 합일된다는 '상반응합'(相反應合)의 사고이다.[59] 따라서 오행의 상호관계를 규정하는 상생과 상극은 또한 하나의 근저에서 발생하는 현상을 바라보는 양면적 관점일 뿐이다.

이상의 고전에서 살펴본 '상생' 개념의 특징을 요약하면 다음과 같다.

첫째, 상생은 모든 존재 만물의 상호연결을 전제하고 있으며 그 연결된 관계성의 긍정적인 측면을 강조한다.

둘째, 상생은 모든 만물의 근저에 자리잡고 있는 어떤 단일한 본체를 상정한다. 이것은 현상적으로 분리된 것처럼 보이는 만물이 근원적으로 일체의 관계에 있음을 나타낸다. 즉 모든 만물은 하나의 몸이라는 것이다.

셋째, 상생으로 규정되는 만물의 상호관계는 단순히 존재론적인 관점에만 머물지 않고 가치론적인 의미에서 요구되는 어떤 당위의 준칙이 등장한다. 그것은 먼저 자신의 존재를 유지하고 영위하기 위해서는 상대의 존재를 적극적으로 필요로 하며, 자아실현을 위해서는 먼저 상대의 가치가 적극 실현될 수 있도록 조력하는 실천이 요구된다

---

58 최영진,『역학사상의 철학적 탐구』, 성균관대 박사학위논문, 1989, pp.4~56 참조.
59 '相反相成'에 대해서는 王夫之가『張子正蒙注』에서 말한 바 있으며, '相反應合'은 今井宇三郎「易傳における陰陽剛柔」『氣の思想』東京大, 1980, p.119에서 말하고 있다.

는 것이다.

대순사상의 세계관과 '상생' 이념의 특징

대순사상의 세계관을 구성하는 기본적인 개념은 '선천'(先天)과 '후천'(後天)의 구분에 있다. 그 역사적 분기점이 되는 '천지공사'(天地公事)는 구천의 상제가 인간 세상에 강림하여 행한 대역사로 알려져 있다. 20세기의 벽두에 시작된 강증산(1871~1909) 구천상제의 천지공사는 9년간에 걸쳐서 진행되었는데, 이것은 선천의 참혹한 현실로부터 후천의 무궁한 선경을 건설하는 천지의 재창조 작업에 비견된다. 그 핵심적인 경전 구절은 다음과 같다.

상제께서 「선천에서는 인간 사물이 모두 상극에 지배되어 세상이 원한이 쌓이고 맺혀 삼계를 채웠으니 천지가 상도(常道)를 잃어 갖가지의 재화가 일어나고 세상은 참혹하게 되었도다. 그러므로 내가 천지의 도수를 정리하고 신명을 조화하여 만고의 원한을 풀고 상생(相生)의 도로 후천의 선경을 세워서 세계의 민생을 건지려 하노라. 무릇 크고 작은 일을 가리지 않고 신도로부터 원을 풀어야 하느니라. 먼저 도수를 굳건히 하여 조화하면 그것이 기틀이 되어 인사가 저절로 이룩될 것이니라. 이것이 곧 삼계공사(三界公事)이니라」고 김 형렬에게 말씀하시고 그 중의 명부공사(冥府公事)의 일부를 착수하셨도다.[60]

이 때 등장하는 '상생'이라는 단어는 바로 새롭게 건설되는 후천 세계의 지배원리(道)로 선포됨으로써 선천 세계의 모순과 갈등을 근원적으로 해소하는 새로운 이념으로 받아들여지게 된다. 선천과 후천

---
60 대순진리회 교무부, 『전경』, 공사1-3.

의 구분은 전통적으로 '천지'라고 하는 우주 세계의 선·후를 나눈 것으로 시간적 구분이 될 수도 있고 공간적인 구분도 될 수 있다. 본래 『주역』 사상에서 일컫는 선·후천은 '하늘'이라는 기준에서 바라본 시간적 선·후 관계를 밝힌 것이지만 철학적으로 전개되어 가면서 우주 세계의 본체와 현상이라는 설명으로 전화되었다.[61] 이외에도 선.후천이라는 용어는 서양철학을 포함하여 의학, 종교학 등에 걸쳐 광범위하게 사용되고 있는 것이 사실이다. 하지만 대순사상에서 말하고 있는 선·후천은 신앙대상인 상제의 역사적 사건을 토대로 하는 세계관이므로 상제의 권능을 발휘하여 펼쳐지는 새로운 세계를 그 이전의 세계와 구분하기 위한 데 목적이 있다. 여기에 상생은 상극과 대비되는 용어로서 후천세계의 모든 관계성을 규정하는 궁극적인 가치로 자리매김된다.

　　대순사상에서 이해되는 '상극'과 '상생'은 다음과 같이 대비할 수 있다. 먼저 선천 상극의 특징을 살펴보면, 첫째, 인류는 선천적으로 시기심과 질투가 많으며, 욕망으로 가득 차 있고, 교만하다.[62] 이로써 상호관계는 언제나 시비와 경쟁을 일삼으며 약육강식의 역사를 지닌다. 그 결과 패배한 쪽은 원한을 지니게 되었다. 둘째, 인류는 물질문명의 발달에 따라 교만하여 마침내 천리를 흔들고 자연을 정복하려는 데서 모든 죄악을 끊임없이 저질러 신도(神道)의 권위를 떨어뜨렸다.[63] 셋째, 결국 인류는 역사적으로 원한이 누적되고 그 원한이 천지에 가

61　이경원, 「한국 근대 신종교에 나타난 선·후천론의 특질」, 『신종교연구』4집, 2001 참조.
62　『전경』예시-80, 「후천에는 사람마다 불로불사하여 장생을 얻으며 궤합을 열면 옷과 밥이 나오며 만국이 화평하여 시기 질투와 전쟁이 끊어지리라.」, 공사3-14에는 시기심이 많은 김봉곡과 그로 인해 피해를 입은 진묵의 일화가 있다. 또한 교운 1-9에는 인류의 교만을 지적하고 있다.
63　『전경』교운1-9 참조.

득 차서 파멸할 지경에 닥쳤음에도 오직 재리에만 눈이 어둡고 조금도 깨닫지 못한다.[64] 이렇게 선천 세상은 상호관계성에서 대립과 투쟁의 극치에 이르렀다는 것이 '상극'의 현상에 해당한다.

그렇다면 후천 상생은 어떤 특징이 있는가. 첫째, 역사적으로 누적된 원한의 고리를 끊고 모든 존재가 원을 푸는, 즉 해원이 실현된다.[65] 둘째, 남을 잘 되게 하는 공부이다. 남이 잘 되고 남은 것만 차지하여도 내가 잘 되는 원리이다.[66] 셋째, 서로 시비가 일어난 민족들 사이에 제각기 문화의 정수를 걷어 후천에 이룩할 조화로운 문명의 기초가 된다.[67] 넷째, 만국이 화평하여 시기 질투와 전쟁이 끊어지고, 원울과 탐음의 모든 번뇌가 없으며, 불로불사하며, 천하가 한 집안이 되는 지상선경이 펼쳐진다.[68]

대순사상의 상생원리: 해원상생과 보은상생

대순사상에서의 상생은 해원과 보은이라는 두 가지 의미와 결합

---

64 『전경』 교법1-1, 「이제 천하 창생이 진멸할 지경에 닥쳤음에도 조금도 깨닫지 못하고 오직 재리에만 눈이 어두우니 어찌 애석하지 않으리오.」
65 『전경』 공사3-4 참조.
66 『전경』 교법1-2, 「우리의 일은 남을 잘 되게 하는 공부이니라. 남이 잘 되고 남은 것만 차지하여도 되나니 전 명숙이 거사할 때에 상놈을 양반으로 만들고 천인(賤人)을 귀하게 만들어 주려는 마음을 두었으므로 죽어서 잘 되어 조선 명부가 되었느니라.」
67 『전경』 교법3-23, 「세계의 모든 족속들은 각기 자기들의 생활 경험의 전승(傳承)에 따라 특수한 사상을 토대로 색다른 문화를 이룩하였으되 그것을 발휘하게 되자 마침내 큰 시비가 일어났도다. 그러므로 상제께서 이제 민족들의 제각기 문화의 정수를 걷어 후천에 이룩할 문명의 기초를 정하셨도다.」
68 『전경』 예시-81, 「후천에는 또 천하가 한 집안이 되어 위무와 형벌을 쓰지 않고도 조화로써 창생을 법리에 맞도록 다스리리라. 벼슬하는 자는 화권이 열려 분에 넘치는 법이 없고 백성은 원울과 탐음의 모든 번뇌가 없을 것이며 병들어 괴롭고 죽어 장사하는 것을 면하여 불로불사하며 빈부의 차별이 없고 마음대로 왕래하고 하늘이 낮아서 오르고 내리는 것이 뜻대로 되며 지혜가 밝아져 과거와 현재와 미래와 시방 세계에 통달하고 세상에 수·화·풍(水火風)의 삼재가 없어져서 상서가 무르녹는 지상선경으로 화하리라.」

하면서 그 고유한 실천원리로 이어진다. 오늘날 사회적으로 유행하는 '상생'은 실천적인 성격을 지닌다. 본래 고전에서 언급된 '상생'은 아직 존재론적인 개념이 강하지만 이것을 가치론적이고 사회적인 실천윤리로 끌어올린 것은 대순사상이 효시라고 할 수 있다. 그런 점에서 상생의 가치실현을 위한 방법론의 문제를 대순사상에서 살펴보는 것은 의미있는 일이다.

먼저 '해원상생'의 원리에 관해서이다. 이 말은 먼저 상생이 실현되기 위한 전제 조건으로서 '해원'이 필연적인 과정으로 요구된다는 것이다. 해원없는 상생은 불가능하다는 말이다. 다음의 전경구절을 토대로 이러한 원리를 살펴볼 수 있다.

> 상제께서 七월에 「예로부터 쌓인 원을 풀고 원에 인해서 생긴 모든 불상사를 없애고 영원한 평화를 이룩하는 공사를 행하리라. 머리를 긁으면 몸이 움직이는 것과 같이 인류 기록의 시작이고 원(冤)의 역사의 첫 장인 요(堯)의 아들 단주(丹朱)의 원을 풀면 그로부터 수천 년 쌓인 원의 마디와 고가 풀리리라. 단주가 불초하다 하여 요가 순(舜)에게 두 딸을 주고 천하를 전하니 단주는 원을 품고 마침내 순을 창오(蒼梧)에서 붕(崩)케 하고 두 왕비를 소상강(瀟湘江)에 빠져 죽게 하였도다. 이로부터 원의 뿌리가 세상에 박히고 세대의 추이에 따라 원의 종자가 퍼지고 퍼져서 이제는 천지에 가득 차서 인간이 파멸하게 되었느니라. 그러므로 인간을 파멸에서 건지려면 해원공사를 행하여야 되느니라」고 하셨도다.[69]

또 상제께서 가라사대 「지기가 통일되지 못함으로 인하여 그 속에서 살고 있는 인류는 제각기 사상이 엇갈려 제각기 생각하여 반목 쟁투하느

---
[69] 『전경』공사3-4.

니라. 이를 없애려면 해원으로써 만고의 신명을 조화하고 천지의 도수를 조정하여야 하고 이것이 이룩되면 천지는 개벽되고 선경이 세워지리라」 하셨도다.[70]

상제께서 교훈하시기를 「인간은 욕망을 채우지 못하면 분통이 터져 큰 병에 걸리느니라. 이제 먼저 난법을 세우고 그 후에 진법을 내리나니 모든 일을 풀어 각자의 자유의사에 맡기노니 범사에 마음을 바로 하라. 사곡한 것은 모든 죄의 근본이요, 진실은 만복의 근원이 되나라. 이제 신명으로 하여금 사람에게 임하여 마음에 먹줄을 겨누게 하고 사정의 감정을 번갯불에 붙이리라. 마음을 바로 잡지 못하고 사곡을 행하는 자는 지기가 내릴 때에 심장이 터지고 뼈마디가 퉁겨지리라. 운수야 좋건만 목을 넘어가기가 어려우리라.」[71]

윗 글을 토대로 하여 '해원상생'의 원리가 표방하는 특징을 정리해보면 다음과 같다.

첫째, 선천 상극의 시대에 인류의 삶을 파멸로 몰고 간 근본 원인은 인간의 내면에 누적된 '원한'의 감정이며, 이 때 '원(冤)'은 모든 인간이 보편적으로 지니고 있는 욕망과 상통한다. 모든 개체는 자신의 본래성을 실현하고자 하며 그것이 제압당하거나 소외받은 상태에서 상호관계의 이상적 상태를 추구할 수 없다고 본다. 따라서 먼저 개체의 자유의사가 존중되고 원(한)이 해소되었을 때 비로소 관계를 회복할 수 있다고 본다.

---

[70] 『전경』 공사3-5
[71] 『전경』 교법3-24

둘째, 이와 같은 '해원'은 그 자체로 궁극적인 가치가 될 수 없다. 해원은 어디까지나 과정이며 전경에서 언급된 '난법'에 해당한다. 그것은 지향점에 해당하는 상생으로 나아갈 때 비로소 '진법'에 도달할 수 있다고 본다. '범사에 마음을 바로 하라'는 것은 자신의 욕망에 온전히 몸을 맡기기보다는 허영과 사심에 사로잡히지는 않았는지를 반성할 수 있을 때 올바른 해원이 될 수 있다는 말이다.

셋째, 해원에서의 '원(冤)'은 비단 인간의 부정적인 감정으로서의 의미만 내포하지 않는다. 대순사상에서 천지공사는 삼계공사이고, 해원공사 또한 삼계를 대상으로 하므로 '원'은 선천에서 천지인 삼계에 걸친 보편적인 상태이다. 따라서 인간이 지닌 특정한 피해의식으로서의 원한 감정은 보편적 '원'의 일부 개념이며, '해원상생'에서의 '원'은 모든 만물이 지닌 자기실현의 본질적 욕망을 가리킨다고 본다. 이로써 해원상생은 상호관계성의 회복 이전에 개체성을 인정하고 그 개체의 가치가 실현되는 선제적인 과정을 중시하는 원리라고 볼 수 있다.

그렇다면 해원상생의 원리에 의해 '상생'을 실천한다는 것은 어떤 의미가 있는가? 모든 개체 혹은 인간 상호 간의 욕망이 서로 충돌할 때는 어떻게 대처해야 되는가? 다음과 같은 전경 구절에서 실마리를 찾을 수 있다.

> 트집을 잡고 싸우려는 사람에게 마음을 누그리고 지는 사람이 상등 사람이고 복된 사람이니라. 분에 이기지 못하여 어울려 싸우는 자는 하등 사람이니 신명의 도움을 받지 못하리라. 어찌 잘 되기를 바라리오.[72]

---

[72] 『전경』 교법1-55

우리의 일은 남을 잘 되게 하는 공부이니라. 남이 잘 되고 남은 것만 차지하여도 되나니 전 명숙이 거사할 때에 상놈을 양반으로 만들고 천인(賤人)을 귀하게 만들어 주려는 마음을 두었으므로 죽어서 잘 되어 조선 명부가 되었느니라.[73]

즉 상호 간에 욕망이 충돌할 때는 먼저 상대방의 욕망에 귀를 기울이고 상대방의 자아가 먼저 성취될 수 있도록 도와줄 때 비로소 자신의 가치도 실현될 수 있다는 말이다. 이때 욕망은 자아실현과 같이 건전한 것이어야 한다. '상생'의 실천은 곧 '남을 잘 되게 하는 것'이므로 타인의 건전한 욕망을 잘 살펴서 그것이 실현될 수 있도록 조력하는 것이 상생으로 가는 길임을 말한 것이다.

다음으로 '보은상생'의 원리에 관해서이다. 이것은 해원상생의 문법과 같이 '보은'하는 방법을 통해 상생의 이념에 도달할 수 있다는 말이다. '은혜'에 보답한다는 것은 무엇을 은혜로 생각하느냐에 달려 있다. [대순진리회요람]에 소개된 훈회에는 "은혜를 저버리지 말라"는 가르침을 제시하고 오늘날 우리가 자각해야 될 은혜에 대해 크게 다섯 가지로 나누어 설명하고 있다.

은혜(恩惠)라 함은 남이 나에게 베풀어 주는 혜택(惠澤)이요. 저버림이라 함은 잊고 배반(背反)함이니 은혜(恩惠)를 받거던 반드시 갚아야 한다. 생(生)과 수명(壽命)과 복록(福祿)은 천지(天地)의 은혜(恩惠)이니 성(誠).경(敬).신(信)으로써 천지(天地) 보은(報恩)의 대의(大義)를 세워 인도(人道)를 다하고, 보명(保命)과 안주(安住)는 국가(國家) 사회(社會)의 은혜(恩惠)이

---

[73] 『전경』 교법1-2.

니 헌신(獻身) 봉사(奉仕)의 충성(忠誠)으로써 사회발전(社會發展)과 공동복리(共同福利)를 도모(圖謀)하여 국민(國民)의 도리(道理)를 다하고, 출생(出生)과 양육(養育)은 부모(父母)의 은혜(恩惠)이니 숭선(崇先) 보본(報本)의 대의(大義)로 효도(孝道)를 다하고, 교도(敎導) 육성(育成)은 스승의 은혜(恩惠)이니 봉교(奉敎) 포덕(布德)으로써 제도(弟道)를 다하고, 생활(生活)과 녹작(祿爵)은 직업(職業)의 은혜(恩惠)이니 충실(忠實)과 근면(勤勉)으로써 직분(職分)을 다하라.[74]

윗글에서 알 수 있듯이 은혜는 크게 나누어 천지, 국가·사회, 부모, 스승, 직업 등으로 구분하고 있다. 이 다섯 가지 분야는 우리가 평소에 은혜를 깊이 자각하지 않는 것도 있다. 하지만 이러한 은혜의 사상은 나 자신을 둘러싸고 있는 모든 만물과 환경이 서로 연결되어 있고, 모두 은혜로 존재하고 있으며, 또 나의 존재를 영위하기 위한 은혜로 작용하고 있다는 뜻이다. 심지어 나에게 위해를 가한 상대마저도 은혜로 인식할 때 비로소 진정한 상생의 이념에 도달할 수 있다고 본다. 다음의 전경 구절을 참고해보자.

원수의 원을 풀고 그를 은인과 같이 사랑하라. 그러면 그도 덕이 되어서 복을 이루게 되나니라.[75]
상제께서 천원(川原)장에서 예수교 사람과 다투다가 큰 돌에 맞아 가슴뼈가 상하여 수십 일 동안 치료를 받으며 크게 고통하는 공우를 보시고 가라사대 「너도 전에 남의 가슴을 쳐서 사경에 이르게 한 일이 있으니

---

74 대순진리회 교무부, 『대순진리회요람』, p.20.
75 『전경』 교법1-56.

그 일을 생각하여 뉘우치라. 또 네가 완쾌된 후에 가해자를 찾아가 죽이려고 생각하나 네가 전에 상해한 자가 이제 너에게 상해를 입힌 측에 붙어 갚는 것이니 오히려 그만하기 다행이라. 네 마음을 스스로 잘 풀어 가해자를 은인과 같이 생각하라. 그러면 곧 나으리라.」 공우가 크게 감복하여 가해자를 미워하는 마음을 풀고 후일에 만나면 반드시 잘 대접할 것을 생각하니라. 수일 후에 천원 예수교회에 열두 고을 목사가 모여서 대전도회를 연다는 말이 들려 상제께서 가라사대 「네 상처를 낫게 하기 위하여 열두 고을 목사가 움직였노라」 하시니라. 그 후에 상처가 완전히 나았도다.[76]

상제께서 항상 말씀하시기를 「다른 사람에게 한대를 맞았을지라도 너희들은 그 사람의 손을 만져주면서 위로하여 주라」 하셨다.[77]

이상의 경전 근거를 토대로 '보은상생' 원리가 지니는 특징을 정리해 보면 다음과 같다.
첫째, 모든 만물의 상호관계는 서로 은혜로 연결되어 있다. 단순히 연결되어 있는 것이 아니라 서로에게 혜택을 베풀어 주고 그 결과 나 자신의 존재가 성립할 수 있다고 하는 데서 상대의 존재를 적극적으로 필요로 하는 관계를 전제한다.
둘째, 은혜를 은혜로 자각하지 못하는 상태에서 모든 분열과 쟁투가 발생하므로 인간을 둘러싸고 있는 주변환경은 물론 심각한 위해를 가한 상대방마저도 은혜로 인식함으로써 진정한 '연결'의 가치를

---
76   『전경』 교법3-12.
77   대순진리회교무부, 『대순성적도해요람』, 1982, pp.16-17.

발견한다.

셋째, 은혜에 대한 자각은 자연스럽게 상대방에 대한 조력으로 이어지고 이것은 궁극적으로 상생의 이념을 실현하는 길이 된다.

6. 초연결사회의 윤리적 지향점으로서의 상생

이상으로 고찰한 '상생' 담론은 초연결사회의 윤리적 지향점을 한국 종교사상의 관점에서 모색한 것이다. 현대의 초연결사회는 기술적 연결성의 극대화를 통해 시공간의 제약을 넘어서는 놀라운 편의성을 제공하고 있다. 하지만 이러한 물리적 연결의 확장이 반드시 인류의 진정한 행복과 조화로운 공존을 보장하지는 않는다는 점에서, 보다 근본적인 가치 정립이 요구된다.

첫째, '상생'은 단순한 물리적 연결을 넘어 질적 차원의 관계 회복을 지향한다. 초연결사회가 제공하는 기술적 연결성이 자칫 피상적이고 기계적인 관계에 머물 수 있다면, 상생은 서로의 존재를 진정성 있게 인정하고 이해하는 관계성을 추구한다. 특히 대순사상의 해원상생 원리는 상호 간의 원한과 갈등을 해소하고 화해를 도모함으로써, 형식적 연결을 넘어 실질적인 관계 회복의 방법론을 제시한다.

둘째, '상생'은 초연결사회의 윤리적 기반을 제공한다. 현대의 네트워크 기술이 만들어내는 연결성이 가치중립적이라면, 상생은 그러한 연결이 지향해야 할 윤리적 방향성을 제시한다. 대순사상의 보은상생

원리가 강조하는 은혜의 자각과 보답은 상호의존성에 대한 깊은 통찰을 바탕으로, 기술문명이 나아가야 할 인문학적 가치를 환기시킨다.

셋째, '상생'은 초연결사회가 직면한 소외와 분열의 문제에 대한 해법을 제시한다. 기술의 발전이 역설적으로 인간소외와 공동체의 해체를 촉진할 수 있다는 우려가 제기되는 가운데, 상생의 원리는 상호존중과 협력을 통한 새로운 공동체성 회복의 길을 보여준다. 이는 단순히 과거로의 회귀가 아닌, 현대 기술문명과 전통적 가치의 창조적 융합을 통해 가능하다.

따라서 초연결사회가 지향해야 할 윤리적 가치로서 '상생'에 대한 깊이 있는 이해와 실천이 요구된다. 이는 단순히 기술문명의 편리함을 추구하는 것을 넘어, 인류의 진정한 행복과 조화로운 공존을 실현하기 위한 필수적인 과제라고 할 수 있다. 특히 한국종교로서 대순사상이 제시하는 해원상생과 보은상생의 원리는 초연결시대의 새로운 윤리적 패러다임으로서 의미있는 통찰을 제공한다. 향후 '상생' 담론에 대한 지속적인 연구와 더불어, 이를 현대 사회의 맥락에서 구체적으로 실천할 수 있는 방안에 대한 모색이 필요할 것이다.

참고문헌

김덕삼·이경자, 「공동체에서 인간과 인공물의 연결에 대한 검토와 제안」, 『가족과 커뮤니티』, 2024
김덕삼, 「재난공동체와 영성 교육」, 『한국학연구』, 2023
김덕삼·이경자, 「인간과 AI의 진화 그리고 연결에 대한 성찰」, 『지식융합연구』, 2024
김정하, 「공존과 상생」, 『지중해지역원 에세이』, 2021
김항제, 「통일교의 생명사상과 생명윤리」, 『신종교연구』 제12집, 2005
김학목, 「《道德經》에서 道의 체득에 관한 고찰」, 『道敎學硏究』 제15집, 1999
박광수, 「원불교의 상생사상-사은을 중심으로」, 『신종교연구』 제12집, 2005
박지웅, 「초연결사회의 정치경제학적 기원과 성격」, 『사회경제평론』 57, 2016
안성원, 「AI에 대한 미국의 사회·윤리 연구 동향 : 정부와 학계」 소프트웨어 정책연구소, 2019.9.24. 기사
이경원, 「대순진리회의 상생이념에 관한 연구」, 『대순사상논총』 제18집, 2004
이경원, 「한국 근대 신종교에 나타난 선·후천론의 특질」, 『신종교연구』 4집, 2001
이근식, 『상생적 자유주의』, 돌베개, 2009
이재헌, 「금강대도를 통해서 본 상생과 화해의 실마리」, 『신종교연구』 제12집, 2005
이찬구, 「수운교(동학)에 있어서의 생명사상과 해원상생의 정신」, 『신종교연구』 제12집, 2005
천경효, 「적극적 평화로서의 공존의 가치」, 『통일과 평화』 11집 2호, 2019
최영진, 『역학사상의 철학적 탐구』, 성균관대 박사학위논문, 1989
최재목, 『양명학과 공생·동심·교육의이념』, 영남대학교출판부, 1999
한재훈, 「갱정유도의 상생사상」, 『신종교연구』 제12집, 2005
謝松齡/김홍경외 번역, 『음양오행이란 무엇인가』, 연암출판사, 1995

Eugene Weiner, ed., The Handbook of Interethnic Coexistence, New York: Continuum, 1998
Wellman, Barry, Physical Place and Cyber Place: The Rise of Networked Individualism, International Journal of Urban and Regional Research, 25(2), 2001
Patrick Blessinger, In a hyper-connected world, dawns a new age of hyper-learning, 15 April 2023, University World News.
Darja Vrscaj, What makes us human in a hyper-connected era?, Workshop on 'Being Human in a Hyper-connected Era', EP's Scientific Foresight Unit (STOA), 2 December 2014,
John Fredette et al. The Promise and Peril of Hyperconnectivity for Organizations and Societies, The Global Information Technology Report 2012, World

Economic Forum.

Gulnaz Sibgatullina, Ethics of Studying Illiberalism in a Hyperconnected, Polycrisis-defined Era: An Introduction to the Special Issue, Journal of Illiberalism Studies 4 no. 1 (Spring 2024), May 15, 2024

今井宇三郎,「易傳における陰陽剛柔」,『氣の思想』, 東京大, 1980

『道德經』

『莊子』

『周易』

『孫子兵法』

대순진리회 교무부,『전경』

대순진리회 교무부,『대순진리회요람』

대순진리회교무부,『대순성적도해요람』, 1982

사이언스올 과학백과사전 (2024). https://www.scienceall.com

초연결사회의 지성사: 근대 시민사회에서 디지털 문명으로

김태수

* 이 글은 김태수·김덕삼, 「초연결사회의 지성사적 조망: 근대시민사회와 초연결사회 관련 문제를 중심으로」, 『인문과 예술』17(2024.12)의 내용을 수정하고 보완한 것이다.

1. 초연결사회와 서구 지성사의 만남

정보통신기술(ICT)의 발전으로, 우리 사회는 패러다임의 전환기를 맞이하고 있다. 바로 '초연결사회(Hyper Connected Society)'의 등장이다. 초연결사회는 사물과 사람이 네트워크로 긴밀하게 연결되어 실시간으로 소통하는 사회를 의미한다.[1]

이는 단순한 기술적 변화를 넘어서 시민사회의 구조와 작동방식 전반에 근본적인 변화를 초래하고 있다. 초연결사회의 개념은 콴-하세와 웰만(A. Quan-Haase and B. Wellman)이 주창한 이후, 토플러(A. Toffler), 탭스코트(D. Tapscott) 등에 의해 다양하게 정의되었다.[2] 이들의 논의는 공통적으로 정보통신기술을 기반으로 한 네트워크의 초연결성[3]을 강조하며, 이러한 연결성이 시민사회의 구조와 기능에 미치는 영향에 주목한다.

초연결사회는 시민사회의 참여 방식과 범위를 획기적으로 확장시킨다. 기존의 ICT가 제공한 '언제든지(anytime)'와 '어디든지(anyplace)'라는 연결성에 '무엇이든지(anything)'라는 새로운 차원을 더

---

[1] 인간과 인간, 인간과 사물뿐만 아니라, 이제까지 객체로 인식되던 각종 기기와 사물과 같은 무생물 개체 간 네트워크를 통해 상호 유기적 소통이 이루어지는 사회를 말한다. 삼정KPMG 경제연구원, 「4차 산업혁명과 초연결사회, 변화할 미래산업」, Issue Monitor 68, 2017, 5쪽.

[2] A. Quan-Haase and B. Wellman, "How does the Internet Affect Social Capital", 2002, in Marleen Huysman and Volker Wulf, (eds.), IT and Social Capital, Boston: MIT press, 2024; A. Toffler, Revolutionary Wealth, New York: Knopf, 2006; D. Tapscott, Rethinking Promise and Peril in the Age of Networked Intelligence, New York: McGraw-Hill, 2014 참조.

[3] 초연결성이란 인간들 간의 관계를 넘어 기기들 간의 관계로 형성되는 사회적 네트워크의 속성이다. 박지웅, 「초연결사회의 정치경제학적 기원과 성격」, 사회경제평론 31권 3호(통권 57호), 한국사회경제학회, 2016, 273쪽.

함으로써, 시민들의 정보 접근성과 참여 가능성을 크게 높인다.[4]

그러나 동시에 초연결사회는 새로운 도전과 과제를 제시한다. 국가와 대규모 자본에 의한 개인정보 통제와 감시의 가능성, 디지털 격차로 인한 새로운 형태의 불평등, 가상공간에서의 시민성 구현 문제 등이 그것이다. 따라서 기술 발전을 통한 '연결' 확대도 중요하지만, 연결이 지닌 본질적 의미를 탐구하는 것 역시 중요하다. 특히 초연결사회로 나아가는 현시점에서는 과학기술적 측면을 넘어 인문학적, 공동체적 관점에서 '연결'의 의미를 성찰하는 것이 더욱 중요해지고 있다.[5]

이러한 문제들은 루소, 칸트, 마르크스 등이 제기한 근대 시민사회의 핵심 쟁점들이 새로운 기술 환경 속에서 재현되는 양상으로 볼 수 있다. 이 점에 주목하여 본 연구에서는 초연결사회가 시민사회에 제시하는 기회와 도전과제를 지성사적 관점에서 살펴보고자 한다.

초연결사회와 기존 연결사회와의 관계나 배경, 초연결사회의 특징과 법제도 등에 대한 연구는 많다.[6] 기존의 연구가 인간과 인간이

---

4 삼정KPMG 경제연구원, 「4차 산업혁명과 초연결사회, 변화할 미래산업」, Issue Monitor 68, 2017, 1~123쪽.
5 김덕삼·이경자, 「공동체에서 인간과 인공물의 연결에 대한 검토와 제안: 도교적 이론과 사례를 참고하여」, 『가족과 커뮤니티』, 2024, 271-295쪽.
6 주대영·김종기, 「초연결시대 사물인터넷(IoT)의 창조적 융합 활성화 방안」, 산업연구원 수시연구보고서, 2014, 1-123쪽; 박지웅, 「제4차 산업혁명을 토대로 한 초연결사회의 사회성격 연구」, 한국연구재단 학술활동 결과보고서, 2017, 1~5쪽; 박지웅, 「초연결사회의 정치경제학적 기원과 성격」, 271-305쪽; 박지웅, 「초연결사회 이전의 기존 연결사회의 기원과 사회성격」, 『사회경제평론』 32.3, 2019, 1-50쪽; 박지웅, 「초연결사회와 기존 연결사회의 사회성격 연구」, 『한국사회경제학회 학술대회 자료집』, 2019, 26-48쪽; 양천수, 「현대 초연결사회와 새로운 인격권 보호체계」, 『영남법학』 43호, 2016, 209-239쪽; 삼정KPMG 경제연구원, 「4차 산업혁명과 초연결사회, 변화할 미래산업」, Issue Monitor 68, 2017, 1-16쪽; 이수용, 「초연결사회 독립근로자들의 프로티언 경력발달 과정과 사회관계망에 관한 연구」, 한국연구재단 학술활동 결과보고서, 2017, 1-3쪽; 김일환, 「초연결사회에서 개인정보보호법제 정비방안에 관한 연구」, 『성균관법학』 29.3, 2017, 35-74쪽; 조성준, 「초연결사회에서의 디지털 리터러시 교육 체계 확립에 관한 연구」, 상명대학교 경영대학원

나 혹은 연결망을 통한 인간과 사물의 연결에 초점을 맞춰 진행되었다면, '연결'에 초점을 맞춰 인간과 인공물의 연결을 고찰한 연구도 있다. 그러나 개방성과 초연결성으로 특징지어지는 초연결사회의 지성사적 기반을 서구 사상사 속에서 조망한 연구는 거의 없다.[7]

이에 본고에서는 근대 시민사회론의 맥락에서 초연결사회의 지성사적 기반을 탐색하고, 들뢰즈(G. Deleuze, 1925~1995) 등 현대 사상가들의 논의를 통해 초연결사회의 문제와 전망을 비판적으로 검토하겠다. 이를 통해 초연결사회에서의 시민성, 공공성, 그리고 민주주의의 새로운 가능성과 한계를 조명하고자 한다.

2. 초연결사회의 발전사적 등장 배경과 전망

연결사회의 발전사적 조망

인류는 언어의 발명, 문자의 발명, 인쇄술의 발명 등을 거치며 정보의 생산과 전달 능력을 크게 발전시켜 왔다. 문명사적으로 기술혁명은 네트워크 혁명을 일으키며, 이는 생산과 소비의 네트워크뿐 아니라 사회적 네트워크도 변화시킨다. 네트워크 혁명은 물질의 혁명에서

석사학위논문, 2018, 1-45쪽.
7 기존의 연구가 인간과 인간이나 혹은 연결망을 통한 인간과 사물의 연결에 초점을 맞춰 진행되었다면, '연결'에 초점을 맞춰 인간과 인공물의 연결을 고찰한 연구도 있다(김덕삼·이경자, 「인간과 AI의 진화 그리고 연결에 대한 성찰」, 『지식융합연구』, 2024, 109-135쪽). 이 연구는 초연결과 다른 차원의 연결이 인간의 삶에 광범위하게 정착되는 것이자, 연결을 통한 신인류의 탄생을 생각할 수 있는 전환을 다루고 있다.

정신의 혁명으로 단계적으로 전환되어왔다. 철도혁명이 산업사회를 가져온 물질의 네트워크 혁명이었다면, 20세기 후반의 정보통신혁명은 초연결사회를 가져온 정신의 네트워크혁명이다.[8] 원시, 전근대, 근대 사회의 기술혁명과 네트워크혁명의 단계적 발전 패턴을 요약하면 다음과 같다.

시대별 혁명과 네트워크의 변화

시대	혁명	물질의 네트워크	정신의 네트워크
(1)원시사회	-	수렵채취사회	원시연결사회
(2)전근대 사회	1차 기술혁명	수렵채취/농경사회	원시/원국가(잠재적 국가) 연결사회
	2차 기술혁명	농경사회	전제군주 연결사회
	3차 기술혁명	농경사회	전제군주 연결사회
	4차 기술혁명	농경사회	전제군주/근대 연결사회
(3)근대 사회	1차 산업혁명	농경/산업 사회	전제군주/근대 연결사회
	2차 산업혁명	산업사회	근대연결사회
	3차 산업혁명	산업사회	근대연결사회
	4차 산업혁명	산업사회	근대/초연결사회

〈표 1〉 산업혁명과 기존 연결사회의 관계[9]

이상의 표에서 볼 수 있듯이, 인류 문명의 발전 과정은 연결성의 확장과 밀접하게 관련되어 있다. 농업혁명(1차)을 시작으로 고대국가를 탄생시킨 거대기계혁명(2차), 과학혁명(3차), 그리고 근대혁명(4차)

---

8 박지웅, 「초연결사회의 정치경제학적 기원과 성격」, 274쪽; A. Quan-Haase and B. Wellman, "How does the Internet Affect Social Capital", 2024 참조.
9 박지웅, 「제4차 산업혁명을 토대로 한 초연결사회의 사회성격 연구」, 2-3쪽.

을 거치며 사회는 원시에서 전제군주제, 봉건제를 거쳐 근대 연결사회로 발전해 왔다.[10] 이러한 발전 과정은 단순한 산업적, 정치적 변화를 넘어 인류의 지성사와 문명사적 흐름을 반영한다. 지성사적 관점에서 볼 때, 이러한 변화는 개인의 자유와 평등 이념의 점진적 확장과 맞물려 있다. 고대 그리스와 로마의 서신 네트워크에서 시작된 지식 교류는 르네상스와 계몽주의를 거치며 더욱 활발해졌고, 이는 근대 시민사회의 형성에 중요한 역할을 했다. 이는 하버마스가 말한 '공론장'의 발전과도 관련이 있다.[11]

문명사적으로 연결사회는 국가라는 거대 연쇄장치를 통해 구조화되었으며, 이는 단일한 권력 중심의 위계적 수목형(arborescent model) 네트워크로 특징지어진다. 반면, 현대의 초연결사회는 이러한 국가 주도의 연결성을 넘어서고 있다. 인공지능과 사물인터넷 등 첨단 기술을 기반으로 한 초연결성은 시공간을 초월한 수평적 리좀형(rhizome model) 상호작용을 가능케 한다.[12] 들뢰즈와 가타리가 정의한 리좀은 피라미드식 수목형 위계와 대립하여 모든 수평적 방향으로 끊임없이 진화하는 위계 없는 구조를 지칭한다. 뿌리와 줄기가 구분되지 않는 "땅 속 줄기", "구근과 덩이줄기"[13]를 뜻하는 리좀은 "다양체에서 유일한 것을 뺀(n-1) 시스템"[14]으로, 중심점이나 주체의 분

---

10 박지웅, 「초연결사회와 기존 연결사회의 사회성격 연구」, 28쪽.
11 박홍원, 「공론장의 이론적 진화: 다원적 민주주의에 대한 함의」, 『언론과 사회』 20.4, 2012, 179~229쪽.
12 박지웅, 「초연결사회와 기존 연결사회의 사회성격 연구」, 한국사회경제학회 학술대회 자료집, 2019, 26~27쪽.
13 "리좀 자체는 매우 다양한 형태를 가지고 있으며, 모든 방향으로 뻗어나가는 표면적 확장에서부터 구근과 덩이줄기로의 응결에 이르기까지 다양하다." G. Deleuze, F. Guattari, Mille-plateaux, p. 13.
14 다양체란 신경섬유들이 직조를 형성하듯이 격자를 통해 미분화된 상태에서 "중심점 역할을 하는 단일성도, 주체 안에서 분할되는 단일성도 없고, 오직 규모를 바꾸지 않고는

할 없이 다중의 성질을 가진 연결선들의 결합이 증가하는 구조이다.

이러한 구조는 특정 집단에 편중된 정보와 지식의 불균형을 해소하고, 보다 평등하고 자유로운 사회를 지향하는 새로운 패러다임을 제시한다. 이는 단순한 기술적 진보를 넘어 인류 문명의 새로운 단계를 예고한다. 초연결사회에서는 개인의 자아실현과 집단지성의 발현이 더욱 용이해지며, 이는 인류 지성사의 새로운 장을 열 수 있는 잠재력을 지니고 있다. 반면, 기존의 연결사회는 단일한 중심을 갖는 네트워크 방식을 따른다.[15] 초연결사회의 "격자"는 다양체 외부의 일관성의 평면으로, 다른 것들과 연결되면서 본질이 변화하는 외부성의 평면 위에서 다양한 선들을 따라 수평적으로 펼칠 수 있는 가능성을 함축한다.

이와 같은 관점에서 중앙통제시스템에서 벗어나 수평적 네트워크의 특징을 갖는 초연결사회에서 대두될 수 있는 문제는 기존 연결사회의 시민사회와 국가 논의를 통해 조명해 볼 수 있다. 초연결사회 역시 근대 서구사회의 발전사적 논의 가운데에서 대두되었기 때문이다. 따라서 이러한 특징을 염두에 두고 초연결사회의 발전사와 전망을 살펴본 후, 그 지성사적 기반을 검토해 보는 것이 중요할 것이다.

증가할 수 없는 차원들만 있는" 다중의 성질을 의미한다. 이 다중성과 함께 연결선들의 결합이 증가한다. G. Deleuze, F. Guattari, Mille-plateaux, p.15.

15 "격자"는 다양체 외부의 일관성의 평면으로 설명된다. 이는 추상적 선, 탈주선 또는 탈영토화 선을 따라 다른 것들과 연결되면서 본질이 변화하는 외부성의 평면 위에서 다양한 선들을 따라 수평적으로 펼칠 수 있는 가능성을 함축한다. G. Deleuze, F. Guattari, Mille-plateaux, p.15.

초연결사회의 특징과 전망

초연결사회의 가장 큰 특징은 '연결성의 확장'이다. 이는 모든 것의 경계가 허물어지는 새로운 패러다임을 의미한다. 1970년대의 부가가치통신망(VAN), 1990년대의 인터넷 보급, 2000년대의 모바일 혁명을 거쳐 현재의 사물인터넷(IoT)과 인공지능(AI) 시대로의 기술 진화는 단순한 연결성을 넘어 지능화된 연결과 융합을 가능케 하며, 이는 초연결사회의 핵심 특징이다.

이러한 기술들의 융합은 물리적 세계와 디지털 세계, 그리고 생물학적 영역을 연결하며 리좀형 초연결사회의 기술적 기반을 형성한다. 이러한 측면에서 융합 기술의 발전은 산업구조의 근본적인 변화를 초래하고 있다. 기존의 위계적 하드웨어 중심 산업에서 소프트웨어와 플랫폼 중심의 수평적 산업구조로 변화하면서 피라미드형이 아닌 상호소통적이고 소비자 지향적 비즈니스 모델이 부상하게 되었다. 이는 이용자들의 능동적, 자발적 참여를 촉진하고, 프로슈머(prosumer)로서의 역할을 확대시켰다. 이러한 변화는 초연결사회의 특징인 높은 상호연결성과 맞물려 물질 차원을 넘어 정신 차원에서 누구와도 소통·연결할 수 있는 새로운 인간관계를 실현하는 가치 창출의 기반이 되고 있다.

한편, 기술혁명의 차원에서 초연결성의 '초'는 인간과 인간 간의 관계에 주력하는 인간 주체 중심의 근대적 사고를 넘어서는 것을 의미한다.[16] 데카르트(R. Descartes, 1596~1650)와 뉴턴(I. Newton, 1643~1727)) 이래 사물을 인간의 사용가치를 산출하는 대상(객체)이나 수단으로 본 근대의 주객(主客)인식론이나 이원론적 대립구도와

---
16   박지웅, 「초연결사회 이전의 기존 연결사회의 기원과 사회성격」, 8쪽.

달리, 초연결사회에서는 객체의 자율성이 중시되는 객주(客主)인식론에 의거하여, 이용 주체와 객체가 하나로 통합된다. 5G, AI, 빅데이터, IoT, 가상현실 기술의 결합으로 구성되는 초연결사회에서 이러한 일원론적 세계관과 객주인식론에 입각한 기술혁명은 상당 부분 현실화할 것으로 예상된다. 나아가 이는 교육·문화예술·금융·미디어 콘텐츠·도시 설계·주거·산업·자동차·바이오 등 다양한 분야에 스마트 기술이 접목되는 결과를 가져올 것이다. 특히, 연결성의 확장 측면에서 초연결성은 사회적 네트워크에서 누구나(Anyone) 어디서나(Anyplace) 언제나(Anytime) 관계를 형성할 수 있게끔 했다. 최근에는 '무엇이든, 어떤 서비스든, 어떤 네트워크든'으로 확장되었다.[17] 이는 모든 것의 경계가 무너지는 일원론적 객주인식론의 새로운 패러다임을 의미한다.

사회경제적 측면에서 보면, 비즈니스 영역에서 B2G, B2B, B2C 등 다양한 형태의 거래가 확산되고 성장할 것으로 예상된다. 이는 다음과 같은 변화를 가져올 것이다.

1. 신산업 창출
2. 생산성과 효율성 제고
3. 사회 현안 해결과 삶의 질 향상

그러나 초연결사회는 동시에 새로운 도전과제와 기회들을 제시한다. 예컨대 AI는 노동자를 공장에서 축출하면서 초연결성의 자유를 부여할 수 있다.[18] 즉, 모든 노동을 자기실현이 아닌 상품생산노동으

---

17   박지웅, 「초연결사회의 정치경제학적 기원과 성격」, 273쪽.
18   박지웅, 「제4차 산업혁명을 토대로 한 초연결사회의 사회성격 연구」, 7쪽.

로 제한한 자본주의사회와 달리 초연결사회에서는 노동시간을 줄임으로써 여가 시간을 늘리고 자기실현을 위한 본래의 노동을 회복할 수 있다.[19] 이와 관련하여 마르크스는 생산력이 발전된 자유로운 생산자들의 사회를 이상적 모습으로 제시한 바 있다. 그러나 국가나 거대자본이 초연결성의 자유를 제한하는 장애물이 될 수도 있다. 따라서 이를 견제하는 시민사회 연합체의 자율적 활동이 한결 중요하다. 같은 맥락에서 프로티언(Protean Career)나 무경계 경력(Boundaryless Career)과 같이 유연성으로 특징 지워지는 독립 근로자의 노동방식의 변화가 두드러진다.[20] 초연결사회의 대두로 인해 사물인터넷 등을 이용한 독립근로자들 간의 아이디어 공유, 상품화, 및 판매 방식은 사람-사물, 사물-사물과의 연결에 기반한 공동체적 특성을 띤다.

또한 일자리 상실 우려, 개인정보 보호, 사이버 보안 위협, 디지털 격차로 인한 새로운 불평등 등의 문제가 더욱 중요해지며, 이에 대한 사회적, 법적, 윤리적 대응이 요구될 것이다. 특히 인공지능 기술의 발전으로 인한 개인정보 자기결정권, 평등권, 사생활의 비밀과 자유 등 헌법적 기본권 침해 가능성에 대한 대응이 필요하다.[21]

결론적으로, 초연결사회는 인류 역사상 가장 광범하고 심층적인 연결성을 제공할 것으로 예상된다. 따라서 초연결사회의 긍정적 측면

---

19 박지웅, 「제4차 산업혁명을 토대로 한 초연결사회의 사회성격 연구」, 8쪽.
20 이수용·장원섭, 「독립근로자의 경력개발 의미와 과정에 관한 질적 연구」, 『HRD연구』 15.4, 2013, 27-48쪽; M. B. Arthur, D. M. Rousseau, B. Manor, "A Career Lexicon for the 21st Century", Academy of Management perspectives, 1996.11, Vol.10 (4), pp.28-39; 초연결사회의 대두로 인해 사물인터넷 등을 이용한 독립근로자들 간의 아이디어의 공유, 상품화, 및 판매 방식은 사람-사물, 사물-사물과의 연결에 기반한 공동체적 특성을 띤다.
21 박혜란, 「인공지능 기술의 기본권 침해 대응 방안 연구」, 『성균관법학』 29.3, 2017, 57~93쪽.

을 최대화하고 부정적 영향을 최소화하기 위한 연구와 정책이 필요하다. 이를 위해, 초연결을 장애할 수 있는 국가나 거대자본의 문제와 사회적 영향을 분석하며, 시민사회와의 협조하에 적절한 규제와 지원 체계를 마련하는 등의 종합적인 접근이 요구될 것이다.

이러한 문제의식을 염두에 두고, 다음 장에서는 초연결사회의 지성사적 기반이 된 기존 연결사회론, 즉 근대 시민사회론의 주요 맥락을 검토해 보기로 하자.

3. 초연결사회의 지성사적 기반과 성격

근대연결사회의 지성사적 기반

농경사회 이전의 원시사회에서는 사적영역과 공적영역이 명확하게 구분되지 않았다. 사적영역은 자유인의 영역이었으며, 수렵채취와 의례 등을 담당하는 공적영역도 자발적 협력에 의존하는 연결사회였다. 중세의 사적영역은 비자유인의 영역이었으며, 통제권을 가지지 못한 농노나 노예는 정치영역에서 소외·배제되었다. 이러한 특징은 전제군주 및 절대왕정 사회에서 두드러졌다.

근대에 이르러 시민사회와 국가의 분리가 완전하게 제도화되면서 사적영역과 공적영역 간의 분리 및 이에 따른 개인의 소외가 보다 완결된 형태를 이루게 된다. 이러한 분리에 따른 부작용과 불평등의 문제를 가장 첨예하게 분석하고, 인간과 자연, 인간과 인간, 인간과 사회의 연결을 제시한다는 점에서 맥을 같이하는 근대 사상가로 루소(J.-J. Rousseau, 1712~1778)와 마르크스(K. Marx, 1818~1883)를 들 수 있다.

루소는 자본주의가 완결된 시민사회구조에 바탕하여 그 날개를 펴나가기 시작하던 도입단계(18세기)의 인물이고, 마르크스는 초기 자본주의의 환상과는 달리 근대산업사회가 성숙됨에 따라 부작용이 한층 명확하게 가시화되던 19세기의 사상가이다. 시대적 차이에도 불구하고 이들은 모두 정치적 제약에서 해방되어 자본주의화 되어가는 시민사회와 국가의 부작용을 자연과 문명 그리고 인간 본연의 문제에로까지 회귀시킴으로써 형태와 분석법은 다르지만 본질적 함의에서는 유사해 보이는 대안을 제시하고 있다.

루소가 인간(homme)과 시민(citoyen)을 구별하고[22] 마르크스가 유적존재로서의 인간(Mensch)과 소외된 인간(Bürger, proletariat)을 구분하는 것[23]은 자신들의 이상과 변질된 현실과의 괴리를 매개하기 위해서이다. 이들에 따르면 근대시민사회는 재산이나 노동을 사회적 요소로 승화시키지 못했다. 사적영역과 공적영역으로 분리되어 존재의 보편성을 잃어버린 인간은, 공동체로부터 분리되어 특수한 이해관계를 추구하는 시민사회로 변모한 문명사회와 단절되었다. 이에 양자는 자연을 이상으로 삼아 시민사회 속의 인간과 인간, 인간과 사회의 참된 연결성을 회복하려 했다.

---

[22] J.-J. Rousseau, "Du Contract Social ou principles du droit politique", éd. Bernard Gagnebin et Marcel Raymond, Oeuvres Complètes, Vol. 3, Paris: Gallimard, 1980, p. 465.
[23] K. Marx, Die Frühschriften, Herausgegeben von Siegfried Landshut, Stuttgart: Alfred Kröner Verlag, 1971, pp. 117~120.

루소는 사회계약을 통해 참다운 민주주의를 실현하고, 교육을 통해 유덕한 시민을 양성함으로써 상업사회의 악, 즉 불평등으로부터 벗어나는 방안을 제시한다. 한편 마르크스의 인권관은 세속적 권리로서의 사회권에 주목하며, 이는 17-18세기 시민혁명이 무산계급과 여성을 배제했다는 비판에서 시작되었다.[24] 이들의 사상은 근대 시민사회의 문제점을 지적하고, 인간의 본질적 가치와 사회적 연결성을 회복하고자 하는 공통점을 가지고 있다. 이는 현대의 공공성 담론과 민주주의 이론에 중요한 사상적 기반을 제공한다.

한편, 객체화한 소유와 초기 시민사회 노동의 성격은 루소에 앞서 로크(J. Locke, 1632~1704)가 잘 분석한다. 단, 루소나 마르크스와 달리 17세기 시민사회 태동기의 로크는 노동을 사적 재산권의 근간으로 상정하고, 노동을 소유한 인간과 자연과의 분리를 정식화한다.

> 노동은 노동한 사람의 틀림없는 소유물이므로…이것이야말로 사유와 공유를 구별해 주는 것이다.[25]

로크나 그 밖의 자연권 사상가, 계몽론자, 유물론자들이 보기에 소유권에 의한 지배의 본질은 인간의 자연으로부터의 분리가 아니다. 오히려 자연법칙에 대한 심화된 인식으로 자연을 인간의 목적을 위해 이용하는 데서 자연에 대한 인간의 지배가 성립한다. 문명의 진보와 생산 수준의 향상에 의하여 인간의 자연지배 상태가 규정되는 것이다. 특히, 로크는 소유문제에 화폐를 도입함으로써 화폐형태로 재산을

---

24 양해림, 「마르크스의 인권관」, 『동서철학연구』 no.88, 2018, 267~292쪽.
25 J. Locke, ed. by Peter Laslett, "The Second Treatise", in Two Treatises of Government, Cambridge: Cambridge University Press, pp. 328-330.

무제한 축적시키는 것을 정당화시킨다.[26]

　루소에 의하면 인간은 자연의 부분으로서 자연으로부터 유래했지만 객체화한 소유와 노동[27]을 통해 자연을 지배하고 이에 대립한다. 루소가 살았던 초기 시민사회의 현실에서는 마르크스가 말하는 것처럼 인간이 노동을 통하여 자연 속에서 자신의 목적을 실현하고, 자신의 필요에 맞게 자연을 변화시키지 못했다. 오히려 인간이 자연을 지배하는 과정 속에서 소유와 부의 불평등이 심화되어 시민사회에서 사회적 불평등을 낳게 되었다.[28] 헤겔(G. W. F. Hegel, 1770~1831) 또한 18세기 부르조아 사회의 '물질적 생활의 총체'로서의 소유관계를 고·중세의 공동체(Gemeinwesen)로부터 이탈된 상황으로 파악했다. 마르크스는 근대사회가 부분이익을 추구하는 시민사회와 보편이익이 관련된 정치사회로 이루어졌다고 본 헤겔의 구도를 이어받아 근대사회의 양면적 존재성을 인정하였다. 그는 이를 토대로 근대시민사회 흥기의 원인을 봉건 구조의 정치적 통제 장치에 의한 종속으로부터 도시조합과 꼬뮌(Commune)을 해방시킨 중세 후기의 연대적 공동체 운동에 결부시키면서 다음과 같이 설명한다.

　중세 유럽 말기의 사회-정치적 변혁과 시민사회, 즉 정치적, 종교적 제약을 받지 않는 경제활동의 자율적 영역의 흥기로 의해 중세 후기의 꼬뮌은 자유로운 소유권의 개념을 발전시켰다. 또한 조합과 길드는 산업 부르

26　이 점은 J. Locke, "The Second Treatise", in Two Treatises of Government, ed. by Peter Laslett, Cambridge: Cambridge University Press. p.332에, 화폐의 장점에 관해서는 p.343에 잘 나타나 있다.
27　로크는 루소나 마르크스와 달리, 노동을 사적 재산권의 근간으로 상정하고, 노동을 소유한 인간과 자연의 분리를 정식화한다.
28　J.-J. Rousseau, "Discours sur l'origine et les fondments de l'inegalite", Oeuvres Complètes Vol. 3, p.175.

조아지의 발전된 형태를 의미한다. 그런데 중요한 점은 시민사회의 사회 구조가 … 부르조아 계급의 산물이었다는 것이다.[29]

이처럼 마르크스는 원시공산사회의 자유로운 유적 행위와 연결이 전제군주 및 중세봉건 사회를 거치면서 억압되었지만, 중세 후기 공동체의 자유로운 소유권, 조합, 길드 간의 연대와 협업을 통해 부르조아 사회를 창출했다고 본다. 다만 마르크스는 이를 기술력과 생산력의 증대를 통해 이상적 연대를 회복하게 될 공산사회로 나아가기 이전의 과도기적 근대사회 단계로 간주한다. 이러한 시각에서, 특히 관료제 국가 중심의 헤겔의 근대연결사회를 비판한다.

『유대인 문제』에서 마르크스는 국가와 시민사회가 각각 공동체적 존재로서의 개인과 사적으로 활동하는 개인을 그 구성원으로 함으로써 개인의 인격 또한 현실 속에서 이중성을 띠게 된다는 점을 비판한다. 즉 국가와 시민사회의 긴장 속에서 인간의 보편성으로부터 소외가 제도화된다는 것이다.[30] 이러한 맥락에서 마르크스는 이상적 국가를 제시한다. 여기서 국가의 의미는 그 본성상 물질생활에 대립되는 유적생활의 영역으로 제시되는 반면, 모든 물질생활의 전제들은 국가영역 밖에 있는 시민사회에 남는다.[31] 이처럼 루소와 마르크스는 시민사회의 사유재산으로 야기되는 불평등을 인간 본성의 상실과 타락을 가져오는 이유로 본다. 국가와 시민사회의 분리 속에서 인간은 재리에만 눈이 멀고, 눈앞의 이익에 급급해지며, 국가는 시민사회의 재

---

29 앨빈 굴드너, 『맑시즘: 批判과 科學』, 김홍명 옮김, 서울: 한벗, 1984, 400-401쪽.
30 K. Marx, Early Writings, Into. by L. Colleti, tr. by G. Benton and R. Livingston, Harmondsworth: Penguin Books, 1975, pp.27-29.
31 K. Marx, Early Writings, p.220.

산을 합법적으로 강탈하는 양태를 띤다는 것이다.

이러한 맥락에서 마르크스와 엥겔스(F. Engels, 1820~1895)는 상품생산사회를 분석함으로써 상품에 체현된 자본주의 시민사회의 성격을 밝히고자 했다. 그들은 17세기 자본주의 시민사회의 태동기부터 18세기의 형성 발전기, 19세기 당시의 정립기에 이르기까지 자본주의 사회가 형성되어 온 과정을 노동생산물로서의 사물[物]이 상품으로서의 성격을 획득해 온 과정으로 보았다.

루소, 마르크스 등이 보기에 17세기 시민사회의 주요 문제는 공동체로부터의 해방과 국가로부터의 독립 이후, 소유권 자유에 근거한 재산의 무제한적 축적과 이에 따른 불평등 구조에 있었다. 자본주의 속에서 시민사회 내 개인은 재산의 무제한적 축적과 더불어 자신의 의지와 무관하게 내적 사회 규범과 멀어져 고립되게 된다. 피상적으로는 화폐경제에 따라 신장되어 가는 듯이 보이는 개인의 자유가 실상으로는 공동체 규범을 상실하는 속도에 비례하여 억압과 소외가 진행된다는 것이다. 18세기의 루소와 19세기의 마르크스, 20세기의 루카치(G. Lukác, 1885~1971), 아도르노(T. Adorno, 1903~1969), 호르크하이머(M. Horkheimer, 1895~1973) 등이 노동생산물로서의 상품이 생명력을 얻어 활보하게 된 후, 인간이 생산물(상품)로부터, 생산과정으로부터, 인간 자신으로부터, 또한 사회권력 구조 자체로부터 소외되는 현실을 개탄하는 것도 바로 이런 맥락이다.[32]

루소가 처해 있던 자본주의 형성 발전기는 완전한 상품생산사회로 정착된 시기였다. 즉, 모든 생산물이 사용 이외의 목적인 이윤을

---

32 K. Marx u. F. Engels, "Das Kapital", Karl Marx-Friedrich Engels-Werke BD.23, Berlin: Dietz Verlag, 1979, pp.49-55.

목적으로 상품으로 생산·유통되는 사회였다. 18세기 자본주의 시민사회의 주요 문제에는 상품과 이윤 문제가 추가된다. 상품은 이윤을 위한 수단으로 기능한다. 이러한 사회에서는 모든 이들이 상품으로 돈을 버는 것만을 생각한다. 그런데 사회 내의 생산과 소비 관계가 크게 변동하지 않는다고 할 때, 이윤을 올린다는 것은 부의 축적만큼의 빈곤의 축적이 따르게 된다는 것을 의미한다. 루소가 지적한 불평등 구조와 이에 따른 타락[33]은 바로 이러한 사회경제적 맥락에서 당시 자본주의 시민사회의 타락상을 엿볼 수 있게 해준다.

　루소, 헤겔과 마르크스는 상품 소유권에 기반하여 생산물을 상품화할수록 근대적 자유가 증가되는 것으로 보는 부르조아지(자본가)들을 냉소적으로 바라보았다.[34] 이들은 자신의 생산물을 소유·소비하고 상품을 매개로 경쟁할 자유에 머무는 자연권론자들의 소유적 자유를 소극적 자유로 보았다. 단, 루소, 헤겔, 마르크스의 해결책은 달랐다. 헤겔이 시민사회의 소극적 자유를 극복하기 위해 관료제 국가에 의존했다면, 루소의 평등주의는 그 대안을 사회계약을 통한 일반의지의 구현과 인간, 사회 및 국가 간의 자발적 연대에서 찾았다. 이는 바뵈프(F. Babeuf, 1760~1797)나 마르크스식의 수평적 평등주의(levelled egalitarianism)와는 다르다. 그러나 권리에 관한 평등만을 주장한 볼테르(F. Voltaire, 1694-1778)나 동시대 계몽사상가들보다는 한층 수평적이다.[35]

　이처럼 인간과 사회, 국가를 초월한 연결을 구축하려는 루소의

---

[33]　J. Plamenatz, Man and Society, Vol. I, Burnt Mill: Longman House, 1963, pp.418-420.
[34]　G. W. F. Hegel, Phanomenologie des Geistes, Werke III, Frankfurt am Main: Suhrkamp Verlag, 1986, pp.150-154.
[35]　볼테르,『불온한 철학사전』, 사이에 옮김, 서울: 민음사, 2015, 225-230쪽 참조.

정신은 세계연맹의 기초가 되는 칸트의 영구평화론으로 발전된다. 이러한 논의에 바탕을 두고 다음 장에서는 초연결사회의 지성사적 배경으로서, 루소와 마르크스, 계몽주의와 칸트 등의 연결사회론 보다 직접적으로 초연결사회론의 관계철학적 바탕을 이루는 들뢰즈 등의 논의를 고찰하겠다.

초연결사회의 지성사적 기반: 들뢰즈를 중심으로

고대-중세 이래 신과 같은 근원을 상정한 서구사회는 근대 시민사회 출현과 더불어 인간 주체를 중심에 놓고 인간에 의한 자연의 지배를 통해 자본주의와 과학기술 문명을 발전시켜 왔다. 이로 인해 대두된 제 문제에 대해 루소, 칸트, 마르크스 등의 근대 사상가는 비판적 시각에서 시민사회와 국가의 문제점을 해결하고 자유와 평화를 확보할 방안을 모색했다.

19세기 이후에는 베르그송(H. Bergson, 1859~1941), 니이체(F. Nietzsche, 1844~1900), 구조주의, 후기구조주의, 실존주의 등 인간 주체의 시각에서 벗어나 인간과 자연이 상호 영향을 미치는 장(場)이나 구조, 상호작용에 주목하는 관계의 철학이 중시되게 되었다. 헤겔 변증법이 주창하는 자기모순의 지양과 동일성 구도를 비판한 베르그송의 지속이나 들뢰즈의 차이 개념은 이러한 관계 철학의 입장을 잘 보여준다. 스피노자(B. Spinoza, 1632~1677), 니체, 푸코(M. Foucault, 1926~1984) 또한 주체 중심 철학을 비판한다. 나아가 20세기 초 화이트헤드(A. Whitehead, 1861~1947)는 주객인식론을 벗어난 객주인식론의 시각에서 객체 중심의 유기체 철학을 제시하기도 한다.

이처럼 관계와 과정을 중시하는 현대철학의 흐름에서 뉴턴의 절대적 시공간관과 데카르트적 이원론은 파기된다. 차이의 철학은 공간적 차이가 아닌 시간적 차이를 고려하되, 순수 주체나 영혼과 같은 절대불변의 실체가 바라보는 차이를 전제하지 않으며, 궁극적으로 시간 개념도 파기한다. 모든 것은 여러 계열의 선들 간의 연결로 분화·수렴될 뿐이다. 이는 미분적 차원에서 점과 선간의 연결과 계열화를 통해 모든 네트워크를 구성하는 초연결사회의 지성사적 토대가 된다. 마치 전 우주의 모든 정보를 담을 수 있는 라이프니쯔(G. Leibniz, 1646~1716)의 완전한 모나드에 상호 교통할 수 있는 창(窓)을 만들어서 모든 모나드의 정보가 중중무진으로 상호 연결되는 것과 같다.

이러한 맥락에서 베르그송의 지속과 라이프니쯔의 미분적 무한소 개념을 발전시킨 들뢰즈의 차이 철학은 초연결사회의 다양성과 복잡성을 이해하는 데 유용한 틀을 제공한다. 초연결사회에서는 개인의 정체성과 관계가 고정된 것이 아니라 끊임없이 변화하고 재구성된다. 이는 차이나는 것만이 반복되어 돌아온다는 들뢰즈의 '차이의 반복'과 유사한 구조이다. 차이가 끊임없이 다름이 변주되는 놀이에 상응한다면, 반복은 이념이 전개하는 차이 운동의 관계성으로 볼 수 있다.[36] 차이와 반복 개념 속에서 이념은 잠재적 주체, 즉 초월론적 감성이 감성, 기억, 사유나 본질의 관조라는 인식능력을 통해 특이성을 반복함으로써 발생[37]하는 잠재성이자 문제-장이다. 여기서 차이와 반복 속의 '잠재성'과 '현실성' 간의 순차적 위계나 매개는 없다. 모든

---

[36] G. Deleuze, Différence et Répétition, Paris: Presses Universitaires de France, 1993, p.1 참조.
[37] 조 휴즈, 『들뢰즈의 『차이와 반복』 입문』, 황혜령 옮김, 서울: 서광사, 2014, 138~139쪽.

것은 동시적이며 어떤 것도 상위일 수 없다. 즉, 이념으로부터 분화된 각 계열들이 동시적으로 회집하고 차이나는 격자형 연계형태일 뿐이다. 들뢰즈·가타리의 용어로 말하면, 탈영토화되면서 끊임없이 의미를 순환시키고 어떤 형태의 표상도 파기하는 구도이다. 부단한 변화와 연계의 양태 속에서 존재자들이 한 가지 목소리로 새로움을 창출하는 일의적 초연결성인 것이다.[38]

들뢰즈·가타리의 리좀 모델에 따르면, 모든 지점은 서로 연결되어 있고 어느 지점에서든 새로운 연결이 생성될 수 있다. 이는 초연결사회의 근본적인 작동 원리와 매우 유사하다. 이러한 맥락에서 들뢰즈·가타리가 기호학적 관점에서 설명한 리좀의 핵심적 특성은 다음과 같다.

리좀의 어떤 지점이든 다른 어떤 지점과도 연결될 수 있고, 또 연결되어야 한다. 이는 한 지점, 하나의 질서를 고정하는 나무나 뿌리와는 매우 다르다. 촘스키 방식의 언어 나무는 여전히 S라는 한 지점에서 시작하여 이분법적으로 진행된다. 반면 리좀에서는 각 특성이 반드시 언어적 특성을 지칭하지는 않는다. 다양한 성격의 기호학적 연쇄들이 매우 다양한 인코딩 방식들과 연결되어 있으며, 이 연쇄들은 생물학적·정치적·경제적 등의 것들로, 단지 서로 다른 기호체계들뿐만 아니라 사물의 상태에 대한 지위들도 관여시킨다.[39]

이상의 인용과 같이, 들뢰즈·가타리는 다양한 대상들과 끊임없이

---

[38] 김태수, 「四句解釋에 관한 元曉 和諍論法의 특성: 들뢰즈의 새로운 변증법과의 대비를 중심으로」, 『불교학리뷰』, 2017, 237, 247쪽.
[39] G. Deleuze, F. Guattari, Mille-plateaux, p.13.

연계되는 기호체계들을 통해 리좀의 특성을 설명한다. 이처럼 리좀은 나무나 뿌리와 같은 중심이나 위계가 없는 탈중심화된 구조를 의미한다. 이는 초연결사회의 수평적 네트워크 구조와 유사성을 지닌다. 초연결사회에서는 누구나 정보의 생산자이자 소비자가 될 수 있고, 새로운 연결과 관계가 끊임없이 형성된다. 반면 국가나 글로벌 대기업 중심의 수목형 모델은 중앙집중적이고 위계적인 구조를 지닌다. 이는 정보와 권력이 소수에 집중되는 경향이 있어 시민들의 자율성과 다양성을 제한한다.

사회구성체론과 관련하여, 마르크스가 변증법적 유물론에 따라 원시공동체 사회에서 봉건제 및 자본주의 사회를 거쳐 다시 이상적 공동체 사회를 구상하는 것과 달리, 들뢰즈·가타리는 원국가-국가-원국가라는 방식으로 사회구성체의 변동을 기술한다. 즉, 고대그리스로부터 근대국가로 이어지는 계열을 전제국가와 구분하고, 고대그리스 민주주의의 발전과 자본주의의 생산력 폭발을 원시사회적 요소가 작용한 결과로 이해한다.[40] 시민사회와 대비된 근대국가가 절대적 제국에 해당하는 반면, 자본주의는 최고로 발전된 국가의 최후형태지만 정착민을 속박에 의해 불구와 좀비로 만들 수 있다. 이 점에서 무모하더라도 소수자들이 자본주의 시스템에 대항하는 유목적 변형태나 전쟁기계가 요구된다.

창조하는 탈주선, 또는 파괴의 선으로 변하는 탈주선…이 두 선이나 두 평면 사이에 소통이 있고, 각자가 서로를 먹여 살리고 서로에게서 빌려

---

40 박지웅, 「들뢰즈와 가타리의 국가형태 리토르넬로-맑스의 사회구성체론과의 비교를 중심으로」, 『經濟學硏究』, 2005, 65쪽.

온다는 것을 우리는 계속 알아차린다. 최악의 세계 전쟁 기계도 지구를 둘러싸고 폐쇄하기 위해 매끄러운 공간을 재구성한다. 그러나 지구는 자신의 탈영토화 힘, 탈주선, 새로운 지구를 향해 살아가고 길을 파는 매끄러운 공간들을 주장한다. 문제는 양의 문제가 아니라, 두 종류의 전쟁기계에서 두 극에 따라 대립하는 양의 통약 불가능한 성격의 문제이다. 전쟁기계들은 기계를 전유하고 전쟁을 자신들의 일과 목표로 삼는 (국가)장치들에 맞서 구성된다. 그들은 포획이나 지배 장치들의 거대한 결합에 맞서 연결을 주장한다.[41]

이러한 방식으로 들뢰즈는 영토화와 탈영토화, 코드화·재코드화 및 탈코드화 등의 상대적 기호를 활용한 리좀형 연결 논리를 통해 고대사회로부터의 사회구성체의 변화를 설명한다. 이로써 코드화·재코드화에 입각한 제국의 기계적 예속에서 벗어나 "소유주들 간의 개인적 의존 관계(계약)와 재산과 소유주 간의 관계(협약)의 연결이 공동체적이고 기능적인 관계를 보완·대체하는 탈코드화된 흐름"[42]을 기술한다. 특히, 고대국가 이래 동양의 과잉코드화와 유럽의 탈코드화의 흐름을 부단히 재코드화해 온 제국의 기계적 노예화와 사회적 예속체제, 나아가 근대국가의 마법적 포획에 대항하여 탈주하는 탈코드화 흐름의 결합을 조직하는 주체 의식을 강조한다.[43]

그러나 초연결사회가 반드시 근대국가의 마법적 포획에서 탈주하는 유목적·리좀적 특성만을 지니는 것은 아니다. 거대 IT 기업들의 플랫폼 독점이나 국가의 감시체계 강화 등은 새로운 형태의 중앙집중화

---
41 G. Deleuze, F. Guattari, Mille-plateaux, p.527.
42 G. Deleuze, F. Guattari, Mille-plateaux, p.563.
43 G. Deleuze, F. Guattari, Mille-plateaux, pp.562-564.

를 야기할 수 있다. 따라서 초연결사회의 수평적 잠재력을 실현하기 위해서는 시민사회 속 애벌레 자아들의 지속적 감시와 연대참여가 필요하다. 특히, 코드화·재코드화에 의한 통제와 관련하여, 들뢰즈의 '재현의 4가지 굴레' 개념은 동일성·유사성·대립·유비에 기초한 빅데이터와 알고리즘으로 개인의 범주화와 예측·통제가 가능하다는 점에서 새로운 형태의 '재현'이나 굴레(lien)가 되어 개인의 고유한 차이를 억압할 위험이 있다.[44] 따라서 빅데이타에 대한 투명한 관리, 인문학적 상상력에 따른 데이터와의 창발적 소통 능력 등이 필요하다.

들뢰즈의 '영원회귀' 개념 또한 끊임없이 새롭게 생성·순환하는 데이터와 정보의 흐름 속에서 지속적 변화와 생성 과정으로서의 사회를 이해하는 데 도움을 준다. 나아가 '잠재성' 개념은 초연결사회의 무한한 가능성을 설명하는 데 유용하다. 디지털 네트워크는 무한한 연결과 조합의 잠재성을 내포하고 있으며, 이는 새로운 형태의 사회·경제·문화적 생성으로 현실화될 수 있다. 이상 초연결사회 모델 해석에 유용한 들뢰즈의 주요 구도를 정리하면 다음과 같다.

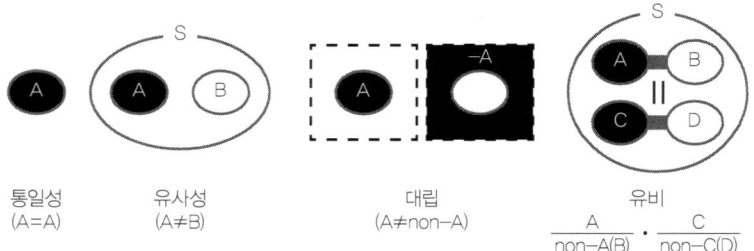

〈표 3〉 들뢰즈의 재현(représentation)을 만들어내는 4가지 굴레[A: 동일자 A. B: 타자, C: 제3자, D: 제3자의 타자 S: 전체집합; 1) 동일성: (A) 2) 유사성: (−A) 3) 대립: (A∩ −A) 4) 유비: [A∪−(−A)]

---

44 『차이와 반복』의 결론에서 들뢰즈는 재현의 4가지 굴레(동일성·유사성·대립·유비)에 의한 차이와 반복의 왜곡을 경계한다. G. Deleuze, Différence et Répétition, pp.341-349.

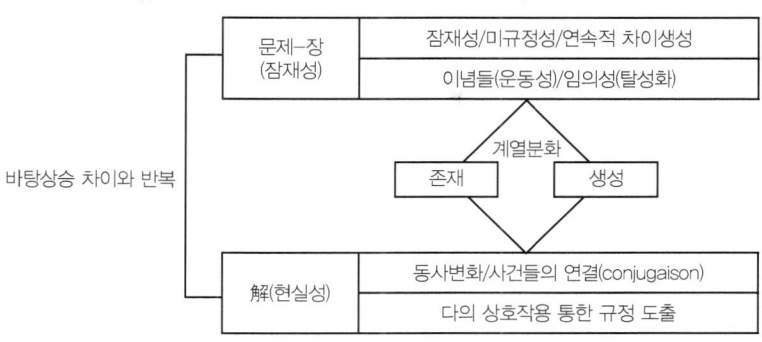

1) 잠재성: 미규정성으로서 차이의 연속적 생성
2) 계열 분화·연계: 차이 생성을 통한 계열들 형성; 상징적 관계+차생적 관계=미분적 변증법
3) 현실성: 미규정(연속성)에서 규정(불연속)으로; 현실적 관계+상상적 관계 (불연속적 항들의 기표 관계)

〈표 4〉 들뢰즈의 주요 구도[45]

결론적으로 들뢰즈를 비롯한 현대 관계철학의 맥락에서 볼 때, 초연결사회는 근대 시민사회의 이념을 기술적으로 구현할 수 있는 가능성을 제공하며, 리좀적 특성을 통해 보다 수평적이고 다원화된 사회구조를 만들어낼 잠재력을 보여준다. 그러나 이러한 잠재력이 실현되기 위해서는 기술의 발전과 함께 사회적 공유를 촉진하되 빅데이타의 전용을 방지하는 제도적 보완책이 병행되어야 한다.

초연결성의 기반을 이루는 이상의 지성사적 기반을 염두에 두고,

45　김태수, 「四句解釋에 관한 元曉 和諍論法의 특성: 들뢰즈의 새로운 변증법과의 대비를 중심으로」, 239쪽.

이제 초연결사회의 수평적 특성과 이를 장애할 수 있는 국가, 중심자본 및 국제사회 문제와 관련하여 근현대 서구 사상가들의 이론이 어떻게 해석·연계·적용될 수 있는지 평가해보자.

4. 초연결사회의 지성사적 평가·적용 및 전망

초연결사회의 지성사적 평가와 현대적 적용

초연결사회의 수평적 특성과 이를 장애할 수 있는 국가 및 중심자본의 문제는 근대 이후 정치철학의 주요 쟁점들과 연관되어 있다. 종합적 평가를 위해 초연결사회의 지성사적 기반을 루소·칸트·마르크스·들뢰즈·화이트헤드 등의 사상과 연관 지어 재해석해볼 수 있다.

1) 초연결사회에서는 사적영역과 공적영역의 구분이 모호해지며, 다양한 정체성을 지닌 개인이 네트워크를 통해 즉각적으로 의사를 표현하고 정책 결정에 참여할 수 있는 환경이 조성된다. 이는 루소가 주장한 참여민주주의와 일반의지의 실현 가능성을 높인다. 모든 시민이 네트워크를 통해 즉각적으로 의사를 표현하고 정책 결정에 참여할 수 있는 환경이 조성되기 때문이다. 이로써 시민사회 속 개인의 부분이익과 국가가 관리하는 보편이익이 네트워크를 통해 조화를 이룰 가능성이 열린다. 또한 이는 헤겔과 마르크스가 논한 근대사회의 이중성을 극복할 수 있는 기회를 제공한다.

2) 초연결사회는 정보와 지식이 새로운 형태의 자본이 되어, 재산이나 노동 개념을 재정의한다. 이는 루소와 마르크스가 지향한 '고차원의 문명사회'로 나아갈 수 있는 기술적 기반을 제공한다. 또한, 루소와 마르크스가 비판했던 자본주의 시민사회의 부작용과 불평등 문제는 정보와 지식의 자유로운 공유를 통해 일부 해소될 수 있다. 그러나 동시에 디지털 격차로 인한 새로운 형태의 불평등이 발생할 수 있다. 이러한 문제를 해결하기 위해 루소의 자기애(amour de soi)와 공동아(moi commune) 관념을 고양함으로써 사적 이익의 추구와 불평등 심화 문제를 극복할 필요가 있다. 결론적으로, 루소의 평등주의는 초연결사회에서 디지털 기술이 제공하는 연결성과 접근성을 통해 한층 수평적인 사회구조를 실현할 잠재력을 지닌다. 다만 이 과정에서 디지털 격차라는 새로운 형태의 불평등이 야기될 수 있다.

3) 루소의 국제연맹 관념을 계승한 칸트의 영구평화론 관점에서 초연결사회는 국가 간 소통과 이해를 증진시켜 평화로운 세계 질서 구축에 기여할 수 있다.[46] 글로벌 네트워크를 통해 국경을 초월한 시민, 전문가 집단, 및 공동체 간의 직접 소통이 가능해지면서, 칸트가 꿈꾼 세계시민주의의 실현 가능성이 열린다. 그러나 동시에 초국가 자본과 기술력을 바탕으로 국제기구에 영향력을 행사하는 글로벌 기업

---

[46] 고대까지 올라가면 로마의 '만민법(jusgentium)'을 말할 수 있고, "국제법의 단초는 그로티우스(H. Grotius, 1583~1645)에서 찾을 수 있다. 그는 전쟁과 평화의 법(1625)에서 국제법의 체계적인 기초를 마련하면서, 모든 주권국가 간의 규칙 책정과 이에 따르는 주권 책정을 목표로 한 '만민법'(jusgentium)을 체계화했다." 최기성, 「롤즈 '만민법'의 사상적 함의」, 『大韓政治學會報』 17(1), 대한정치학회, 2009, 54쪽. 물론 한국에서도 이러한 노력은 면면히 이어져 내려왔다. 특히, 안중근 의사가 미완의 『동양평화론』을 순국 직전 1910년에 작성했고, 이를 계승하여 백태웅 교수는 '아시아 인권공동체'설립을 주장하는 등, 평화의 공동체 구축을 위한 시도는 지금도 이어지고 있다(김덕삼, 「열린 공동체를 위한 포용 정책」, 『동아시아고대학』, 70집, 2023, 206쪽).

들과 국가의 독점적 통제는 이에 맞서는 전문가 집단과 시민들의 연대를 촉발하며, 이는 사이버 공간에서 새로운 형태의 갈등과 조정 국면으로 이어질 수 있다. 국제사회론의 관점에서 볼 때, 초연결사회는 국가 간 협력과 공존의 가능성을 높이는 동시에 새로운 형태의 갈등과 무정부 상태를 초래할 수 있으며, 특히 사이버 공간에서의 주권과 글로벌 거버넌스 문제가 두드러지고 있다.

이러한 맥락에서 초연결사회의 수평적, 자율적 특성을 위협하는 국가와 자본의 이기주의, 조작 및 독점 가능성을 극복하기 위해 루소와 칸트의 사상을 적용하여 다음과 같은 방안들을 고려해 볼 수 있다.

(1) 루소의 일반의지 개념 적용: 초연결 플랫폼을 통해 시민들의 진정한 일반의지를 수렴하고 실현하는 시스템을 구축하여, 국가나 자본의 이기적 이해관계를 견제할 수 있다. 블록체인 기술 등을 활용해 투명하고 조작 불가능한 의사결정 시스템을 만들어 일반의지의 왜곡을 방지 가능하다.

(2) 칸트의 영구평화론 원리 적용: 칸트가 제시한 영구평화의 조건들을 초연결사회의 거버넌스 원리로 삼을 수 있다.[47] 특히 '세계시민법' 개념을 확장하여, 초국가적 디지털 시민권 제도를 수립함으로써 국가 간 경계를 넘어선 평등한 참여를 보장할 수 있다. 또한 '환대권' 개념을 디지털 공간에 적용하여 모든 이용자의 자유로운 접근과

47　칸트도 이론과 실천 사이에서 고민했다. 『영구평화론』의 부제는 '하나의 철학적 기획'인데, 칸트에 따르면 "국왕이 철학자와 같이 사색하고 철학자가 국왕과 같이 된다는 것은 기대할 수도 없고, 또한 바람직한 일도 아니다. 왜냐하면, 권력의 소유는 불가피하게 자유로운 이성의 판단을 방해하기 때문이다."(임마누엘 칸트 저, 이한구 역, 『영구 평화론』, 서광사, 2008, 13-14쪽). 칸트는 권력을 가진 자에게 철학자 집단을 소멸시키거나 침묵시키려 하지 말라고 주문한다(김덕삼, 「열린 공동체를 위한 포용 정책」, 『동아시아고대학』, 70집, 2023, 207쪽).

활동을 보장하는 원칙을 세울 수 있다.

(3) 분산형 거버넌스 체계 구축: 루소와 칸트 모두 중앙집권적 권력에 대해 경계심을 표명했다. 이들의 사상을 현대적으로 적용하면, 탈중앙화된 분산형 거버넌스 체계를 구축할 수 있다. 예를 들어 다양한 이해관계자들이 참여하는 멀티스테이크홀더 거버넌스(Multistakeholder governance) 모델[48]을 도입함으로써 특정 주체의 독점을 방지하고 다양한 의견을 수렴 가능하다.

(4) 디지털 공유재(commons) 확대: 루소의 자연상태 개념을 현대적으로 재해석하여, 필수적인 디지털 인프라와 데이터를 공유재로 규정·관리하는 방안을 모색 가능하다. 이를 통해 자본의 독점을 방지하고 모든 이용자의 평등한 접근과 이용을 보장할 수 있다.

(5) 교육과 계몽을 통한 시민의식 함양: 교육·계몽을 강조한 루소·칸트에 따라, 디지털 사용능력(digital literacy) 교육으로 시민들의 비판적 사고, 능동적·주체적 참여 역량을 키워야 한다. 이를 통해 국가나 자본의 조작 시도를 견제하고 민주적 통제를 강화할 수 있다.

(6) 국제적 협력체계 구축: 칸트의 '국제연맹' 구상을 현대화하여 초연결사회의 글로벌 거버넌스를 위한 국제협력체계를 구축할 수 있다.[49] 이를 위해 개별 국가나 다국적기업의 이기주의를 극복하는 보편적 규범과 제도를 수립하여 공정하고 평화로운 발전을 도모할 수

---

[48] 다양한 이해관계자들이 공동으로 의사결정을 하고 문제 해결 방안을 모색하며, 이를 함께 실행하는 것을 특징으로 하는 거버넌스를 의미한다. M. Raymond, and L. DeNardis, "Multistakeholderism: anatomy of an inchoate global institution", International Theory 7, no. 3, 2015, pp.572-616.

[49] 『영구 평화론』은 "헌법의 지위를 받아들이는 인권 목록, 조약에 의한 국제법의 보장, 국제연합의 창립과 작업, 유럽의 안전보장과 공동작업을 위한 조직, 그리고 무엇보다 유럽연합" 등 실현에 단초가 되었다. 폴커 게르하르트 저, 김종기 역, 『다시 읽는 칸트의 영구평화론』, 백산서당, 2018, 329쪽.

있다.

　이러한 방안들을 통해 초연결사회의 수평적, 자율적 특성을 보존하면서도 국가와 거대자본의 부정적 영향을 최소화할 수 있겠다. 루소와 칸트의 사상은 비록 근대 국민국가 체제를 전제로 했지만, 그 핵심 원리들은 초연결 시대의 새로운 도전에도 여전히 유효한 통찰을 제공한다.

　4) 마르크스 관점의 적용 문제: 마르크스의 시각에서 초연결사회는 생산수단의 소유 여부에 따른 계급 구분을 완화할 잠재력을 지닌다. 정보와 지식의 자유로운 공유를 통해 생산수단의 개념이 변화하고 노동의 성격도 달라지기 때문이다. 특히, 수평적 네트워크는 독점 자본주의 생산관계의 모순을 극복하고 평등한 사회를 실현할 수 있는 물적 토대가 될 수 있다. 마르크스의 초기저작에서 이상사회로 제시되는 공산제 사회는 생산력과 기술력의 증대를 통해 정보와 자산이 공유되고, 인간은 생존을 위한 노동으로부터 해방되어 자신의 가치를 실현하는 진정한 노동과 활동에 종사하는 사회이다. 그러나 현실에서는 기술력과 자본 집중에 기반한 거대 IT 기업들에 의해 새로운 형태의 독점이 발생하고 일자리 상실이 심화되어, 새로운 불평등과 소외가 나타날 수 있다. 따라서 마르크스의 관점에서 볼 때, 초연결사회는 이상적 사회 건설을 위한 물질적 토대가 될 수 있지만, 그 자체로 이상적 상태를 보장하는 것은 아니다. 자본주의 생산관계의 모순이 정보와 지식의 자유로운 공유를 통해 완화될 수 있는 잠재력은 지니지만, 동시에 거대 IT 기업들에 의한 새로운 형태의 착취와 소외가 심화될 수 있기 때문이다. 더욱이, 베버(M. Weber, 1864~1920)와 마찬가지로 마르크스의 분석은 공장제 자본주의를 대상으로 했기 때문

에, 자유로운 연계와 조합에 따른 OEM 생산판매 네트워크, 전자상거래 등으로 펼쳐지는 현대의 수평적 네트워크 브랜드 자본주의[50]를 분석하고 해결책을 제시하는 데는 한계가 있다.

　5) 들뢰즈의 리좀형 사회 개념: 들뢰즈의 관점은 초연결사회의 탈중심화된 네트워크 구조를 이해하는 데 유용하다. 중앙집중화된 권력구조가 아닌, 다양한 연결점들이 수평적으로 연결된 네트워크 사회는 들뢰즈가 말한 '탈영토화'와 '재영토화'의 과정을 끊임없이 반복한다. 하지만 리좀적 특성을 통해 한층 수평적이고 다원화된 사회구조를 만들어 낼 잠재력을 갖는다. 그러나 이러한 잠재력이 실현되기 위해서는 기술의 발전과 더불어 사회적, 정치적 연대와 노력이 병행되어야 할 것이다.

　6) 화이트헤드의 과정 철학과 객체 중심 사고: 화이트헤드 철학은 초연결사회에서 데이터와 정보의 흐름을 이해하는 데 도움을 준다. 모든 존재를 상호 연관된 사건들의 연속으로 보는 화이트헤드의 관점은 AI 빅데이터와 사물인터넷으로 연결된 초연결사회의 역동성을 설명하는 데 유용하다. 들뢰즈의 리좀 개념처럼, 사물인터넷은 중심이나 위계가 없이 모든 사물이 서로 연결되어 상호작용하는 수평적이고 탈중심화된 네트워크 구조를 형성한다. 이로써 초연결사회는 사물과 데이터의 자율적·역동적 상호작용을 통해 새로운 가치와 의미를 창출하는 플랫폼으로 발전하며, 이는 기존의 인간 중심적 사고에서 벗어나 사물과 인간, 데이터가 공존하는 새로운 존재론적 패러다임을 제시한다.

---

[50]　황태연은 18~19세기 명·청 시대의 중국에서 이러한 형태의 자유시장자본주의가 존재했음을 지적한다. 황태연, 『유교적 근대의 일반이론: 서구국가의 유교적 근대화와 유교국가의 서구적 근대화』상권, 서울: 넥센미디어, 2020, 13-14쪽.

결론적으로 4차 산업혁명의 핵심 기술인 인공지능, 빅데이터, 사물인터넷 등은 사람과 사물, 데이터 간의 광범위한 연결을 통해 기존의 산업 경계를 허물고, 창의적이고 혁신적인 새로운 산업을 창출하는 '초연결 지능정보사회'를 실현할 수 있다. 특히, 노동시간의 단축, 타인의 생각과 감정을 이해하고 소통하는 뇌파인식 음성번역기 등으로 근대시민사회의 자유, 평등과 복지 이념을 기술적으로 구현할 가능성을 제공한다. 그러나 동시에 일자리 상실, 디지털 자원에 대한 접근성과 활용 능력의 격차, 개인의 생각과 감정을 포함한 사적 영역의 공개 가능성 등으로 인해 새로운 형태의 불평등과 소외, 통제의 위험성도 내포하고 있다. 따라서 초연결사회의 발전 방향을 설정함에 있어 근현대 사상가들의 통찰을 비판적으로 수용·적용하기 위한 사회적·정책적·윤리적 노력이 필요하다.

초연결산업사회 맥락에서 본 서구사상의 현대적 의미와 제안

초연결기술에 입각한 초연결산업사회의 맥락에서 로크·루소·마르크스·들뢰즈 등의 사상을 재해석하면 다음과 같은 함의를 얻을 수 있다.

1) 로크와 계몽주의 사상가들의 관점은 초연결사회에서 경계해야 할 새로운 통찰을 제시한다. 초연결산업사회에서 인간의 자연 지배는 물리적 자연에 국한되지 않고, 디지털 환경과 데이터에 대한 통제로 확장된다. 이 속에서 자연법칙에 대한 심화된 인식은 알고리즘과 인공지능에 대한 이해로 대체되며, 이를 통해 인간은 가상 환경을

포함한 새로운 형태의 '자연'을 전유하고자 할 수 있다.[51]

2) 루소의 사상은 초연결산업사회에서 더욱 중요한 가치를 지닌다. 디지털 기술이 인간을 자연으로부터 더욱 멀어지게 하는 동시에, 가상현실을 통해 새로운 형태의 '자연'을 창조하기 때문이다. 노동 개념의 변화로 물리적 노동보다 정보와 지식의 생산이 중요해진다. 적절한 보완책과 교육이 없을 경우, 이는 루소가 우려했던 소유와 불평등 문제를 심화할 수 있다.[52]

3) 마르크스의 관점에서 초연결산업사회는 새로운 형태의 상품 생산사회이다. 데이터와 정보가 주요 상품이 되며, 이는 새로운 형태의 자본축적과 불평등을 야기할 수 있다. 플랫폼 기업들의 독점적 지위는 마르크스가 비판했던 자본의 집중화 현상에 상응한다. 즉, 초연결산업사회는 루소와 마르크스가 꿈꾸었던 평등의 이상을 기술적 차원에서 실현할 가능성을 제공하지만, 동시에 새로운 형태의 불평등과 소외 문제를 야기할 우려가 있다. 특히, 이는 로크가 주장한 자연권과 소유권 개념을 디지털 영역으로 확장시켜 새로운 형태의 권력과 통제를 재현가능하다. 따라서 초연결산업사회에서는 이러한 고전적 사상들을 재해석하고 적용하여, 기술 발전의 혜택을 공정하게 분배하고 새로운 형태의 불평등을 방지하는 방안을 모색해야 한다.

4) 초연결산업사회에서 자본주의와 시민사회의 관계를 살펴보면, 많은 개인들이 디지털 자산과 데이터의 무한한 축적을 추구하는 과

---

51 볼테르를 비롯한 계몽사상가들의 권리 중심 평등 개념은 초연결사회에서 디지털 권리의 평등으로 확장될 수 있다. 이는 모든 사람에게 네트워크 접근권과 데이터 소유권을 동등하게 보장하는 것의 중요성을 시사한다. 다만 볼테르가 우려했던 것처럼, 디지털 자산의 강제적 균등 분배는 혁신과 발전을 저해할 수 있다.
52 초연결산업사회에서 로크가 주장한 화폐의 역할은 암호화폐와 데이터 경제로 확장된다. 이는 새로운 형태의 부의 축적을 가능케 하지만, 동시에 루소가 우려하듯이 디지털 격차로 인한 새로운 불평등을 낳을 수 있다.

정에서 전통적인 공동체 규범으로부터 점차 괴리될 수 있다. 표면적으로는 디지털 경제가 개인의 자유를 확장시키는 것처럼 보이지만, 실제로는 알고리즘과 플랫폼에 의한 새로운 형태의 통제와 소외가 진행될 수 있다. 이처럼 디지털 상품과 서비스가 일상생활에 깊이 침투하면서 개인의 삶을 지배하게 되고, 인간이 디지털 생산물, 온라인 플랫폼, 그리고 자신의 데이터로부터 소외되는 현상이 발생한다면, 이는 루소, 마르크스, 프랑크푸르트 학파 등이 지적한 상품화와 소외의 문제와 유사한 양상을 띠게 된다.

초연결산업사회에서는 모든 것이 데이터화되고 연계됨과 동시에 상품화된다. 개인의 행동, 선호, 심지어 감정까지도 데이터로 변환되어 거래되는 상품이 된다. 이는 마르크스가 지적한 상품의 이중적 성격(사용가치와 교환가치)이 디지털 영역에서 새롭게 재현되는 것으로 볼 수 있다. 나아가 초연결산업사회에서 자본주의는 데이터 자본주의로 진화하며, 데이터의 소유권과 통제권을 둘러싼 갈등이 발생 가능하다. 개인의 자유는 자신의 데이터를 얼마나 통제할 수 있는가에 따라 결정되지만, 거대 플랫폼 기업들의 데이터 독점은 새로운 형태의 불평등을 야기할 것이다. 그러므로 시민사회나 국가 차원에서의 제도적 견제가 요구된다.

5) 초연결산업사회에서 헤겔의 '주인-노예 변증법'은 데이터 생산자(사용자)와 플랫폼 기업 간의 관계로 재해석될 수 있다. 플랫폼은 사용자의 데이터 없이는 존재할 수 없지만, 동시에 사용자는 플랫폼에 의존하게 되는 모순적 관계가 형성된다. 이처럼 루소와 마르크스가 비판했던 부르주아 소유권 개념은 초연결산업사회에서 디지털 자산과 데이터의 소유권으로 확장되지만, 이러한 디지털 소유권이 진정

한 자유를 보장하는지에 대해서는 여전히 의문이 제기된다.

6) 들뢰즈의 차이 철학은 이러한 복잡성을 이해하고, 고정된 구조나 정체성에 얽매이지 않는 유동적이고 창조적인 사회 모델을 제시한다. 초연결산업사회에서는 기술력에 기반한 평등과 차이, 연결과 단절, 잠재성과 현실성 사이의 끊임없는 긴장과 생성의 과정을 이해하고 관리하는 것이 중요한 과제가 될 것이다.

결론적으로, 초연결산업사회는 개인의 자유와 소유권에 대한 기존 개념을 가상공간으로 확장하는 디지털 초연결성을 제공한다. 하지만 동시에 새로운 형태의 소외와 불평등에 대한 비판적 안목이 필요하다. 이는 초연결사회에서의 진정한 자유와 평등을 실현하기 위한 의식의 각성과 제도적 보완의 필요성을 제기한다.

5. 초연결사회의 가능성과 과제

본고에서는 '초연결'을 향해 급속하게 변화하는 현대 사회를 서구 사상사의 맥락에서 고찰하였다. 이를 통해 초연결사회 이전의 근대시민사회와 현재 진행 중인 초연결사회에서 제기되는 문제들을 비교 분석하고, 이에 대한 비판적 개입의 가능성을 지성사적 관점에서 탐구하였다.

초연결사회는 수평적 네트워크를 통해 시민사회와 국제사회의 발전 가능성을 높이지만, 동시에 국가와 자본에 의한 새로운 형태의 지배와 통제 가능성 역시 내포한다. 이는 근대 이후 정치철학의 핵심 쟁점들이 새로운 기술 환경 속에서 재현되는 양상으로 볼 수 있다. 따라서 초연결사회의 긍정적 잠재력을 실현하기 위해서는 기술결정론적 낙관론을 경계하고, 초연결의 범위를 민주주의와 정의의 가치를 지속적으로 추구하는 의식 영역으로까지 확장해야 한다. 특히, 초연결성을 인간과 인간, 인간과 자연의 조화로운 관계로 확장하기 위해 시민사회의 제도적 보완과 연계적 윤리 정신 및 참여 의식이 필요하다.[53] 이러한 점이 보강된다면, 초연결사회의 수평적 특성은 근대 시민사회의 이념을 새로운 차원에서 실현할 잠재력을 지닌다.

근대 시민사회는 개인의 자유와 평등, 그리고 자발적 결사체를 통한 공론장의 형성을 핵심 이념으로 삼았다. 초연결사회는 이러한 이념들을 기술적으로 뒷받침함으로써 보다 직접적이고 광범위한 시민 참여를 가능하게 한다. 네트워크를 통해 시공간의 제약 없이 누구나 자신의 의견을 표현하고 타인과 소통할 수 있게 된 것이다. 특히 소셜미디어와 같은 플랫폼은 전통적인 미디어나 정부 주도의 의제 설정을 우회하여 시민들이 직접 공론을 형성하고 여론을 주도할 수 있는 통로를 제공한다. 이는 하버마스가 말한 '이상적 담화상황'에 한층 가까워진 것으로 볼 수 있다.

이러한 지향 속에서 디지털 사용능력이 점차 간편화되고 개선된다면, 특정 집단에 의해 전유된 정보와 자산에 기반한 독재가 방지될 뿐만 아니라 복지·의료·환경 등 분야에서 한층 수평적인 혜택을 공유할 수 있게 될 것이다. 설사 세계의 소수 엘리트 집단들이 초연결사

---

53 Dugsam Kim; Taesoo Kim, "Applying Daoist Thoughts of Interconnectedness to Disaster Communities: Through the Lenses of Diaspora and Pluralism", Religions, 2024, pp. 1-17.

회의 수평적 네트워크 구조를 거스르는 기술 통제와 자본 집중을 통해 새로운 형태의 독재나 과두제를 모색하더라도, 점차 성장하는 시민의식과 미디어 활용 능력으로 인해 정치, 경제 문제 등에 대한 시민들의 자율적 참여가 증가할 것이다. 더불어, 다양한 전문가 집단 간의 수평적 네트워크를 통해 독점이나 과두제를 방지하는 시스템을 선택하고 구축해 나갈 수 있다.

1980년대 메인 컴퓨터와 연결된 중앙시스템 비트넷(BITNET)과 대항한 인터넷의 승리는 "상시 연결성, 접근 가능성, 상호작용이라는 프레딧의 초연결성"[54]이 가능하게 된 원천이다. 인터넷의 전신인 아르파넷(ARPANET)은 1960년대 소련의 핵위협에 대처하기 위한 미국 방공망의 취약점을 극복하고자 개발된 통제시스템의 결과물이다. 이로써 개방성과 탈중심성을 특징으로 하는 인터넷이 중앙통제 방식으로는 얻기 힘든 혁신과 발전, 그리고 평등한 접속의 자유를 보장하게 되었다.[55] 나아가 소수 집단 내의 소통과 이윤추구를 위해 개발된 소셜네트워크와 소셜미디어는 통제 불가능할 정도로 수많은 정보와 경험을 공유하고 타인과의 관계를 생성·확장할 수 있는 개방된 온라인 플랫폼으로 발전했다. 이는 리좀형 네트워크의 자율적 확산성을 잘 보여주는 예이다.

지금까지 살펴본 것처럼, 초연결사회는 디지털 문명과 소셜미디어를 통해 정보 교류와 사회적 관계를 가상공간의 불특정 다수로 확장시켰다. 이제 우리 사회는 온라인 마켓을 넘어 사물인터넷과 인공지능 시대로 진입했다. 이런 시점에서 인간과 자연을 존중하는 인문학

---

54 박지웅, 「초연결사회의 정치경제학적 기원과 성격」, 273쪽.
55 박지웅, 「초연결사회의 정치경제학적 기원과 성격」, 277쪽.

적 가치를 기반으로 할 때, 감성과 생명의식을 아우르는 더욱 진화된 형태의 사회적 관계 형성이 가능할 것이다.

참고문헌

김덕삼, 「열린 공동체를 위한 포용 정책」, 『동아시아고대학』, 70집, 2023.
김덕삼·이경자, 「인간과 AI의 진화 그리고 연결에 대한 성찰」, 『지식융합연구』, 2024.
김덕삼·이경자, 「공동체에서 인간과 인공물의 연결에 대한 검토와 제안: 도교적 이론과 사례를 참고하여」, 『가족과 커뮤니티』, 2024.
김일환, 「초연결사회에서 개인정보보호법제 정비방안에 관한 연구」, 『성균관법학』 29.3, 2017.
김태수, 「四句解釋에 관한 元曉 和諍論法의 특성: 들뢰즈의 새로운 변증법과의 대비를 중심으로」, 『불교학리뷰』, 2017.
들뢰즈, 질, 『차이와 반복』, 김상환 옮김, 서울: 민음사, 2012.
박지웅, 「들뢰즈와 가타리의 국가형태 리토르넬로-맑스의 사회구성체론과의 비교를 중심으로」, 『經濟學硏究』, 2005.
------, 「제4차 산업혁명을 토대로 한 초연결사회의 사회성격 연구」, 한국연구재단 학술활동 결과보고서, 2017.
------, 「초연결사회의 정치경제학적 기원과 성격」, 『사회경제평론』 31.3, 통권 57호, 2018.
------, 「초연결사회와 기존 연결사회의 사회성격 연구」, 『한국사회경제학회 학술대회 자료집』, 2019.
------, 「초연결사회 이전의 기존 연결사회의 기원과 사회성격」, 『사회경제평론』 32.3, 2019.
박혜란, 「인공지능 기술의 기본권 침해 대응 방안 연구」, 『성균관법학』 29.3, 2017.
박홍원, 「공론장의 이론적 진화: 다원적 민주주의에 대한 함의」, 『언론과 사회』 20.4, 2012.
볼테르, 『불온한 철학사전』, 사이에 옮김, 서울: 민음사, 2015.
삼정KPMG 경제연구원, 「4차 산업혁명과 초연결사회, 변화할 미래산업」, Issue Monitor 68, 2017.
앨빈 굴드너, 『맑시즘: 批判과 科學』, 김홍명 옮김, 서울: 한벗, 1984.
양천수, 「현대 초연결사회와 새로운 인격권 보호체계」, 『영남법학』 43호, 2016.
양해림, 「마르크스의 인권관」, 『동서철학연구』 no.88, 2018.
이수용, 「초연결사회 독립근로자들의 프로티언 경력발달 과정과 사회관계망에 관한 연구」, 한국연구재단 학술활동 결과보고서, 2017.
이수용·장원섭, 「독립근로자의 경력개발 의미와 과정에 관한 질적 연구」, 『HRD연구』 15.4, 2013.
임마누엘 칸트 저, 이한구 역, 『영구 평화론』, 서광사, 2008.
조성준, 「초연결사회에서의 디지털 리터러시 교육 체계 확립에 관한 연구」, 상명대학교 경영대학원 석사학위논문, 2018.
주대영·김종기, 「초연결시대 사물인터넷(IoT)의 창조적 융합 활성화 방안」, 산업연구원 수시 연구보고서, 2014.

최기성, 「롤즈 '만민법'의 사상적 함의」, 『大韓政治學會報』 17.1, 대한정치학회, 2009.
폴커 게르하르트 저, 김종기 역, 『다시 읽는 칸트의 영구평화론』, 백산서당, 2018.
황태연, 『유교적 근대의 일반이론: 서구국가의 유교적 근대화와 유교국가의 서구적 근대화』 상권, 서울: 넥센미디어, 2020.
휴즈, 조, 『들뢰즈의 『차이와 반복』 입문』, 황혜령 옮김, 서울: 서광사, 2014.
Arthur, M. B., Rousseau, D. M., Manor, B., "A Career Lexicon for the 21st Century", Academy of Management perspectives, 1996.11, Vol.10(4).
Deleuze, G., Différence et Répétition, Paris: Presses Universitaires de France, 1993.
Deleuze, G., Guattari, F., Mille-plateaux: Capitalisme et schizophrénie, Paris: Les Éditions de Minuit, 1980.
Dugsam Kim; Taesoo Kim, Applying Daoist Thoughts of Interconnectedness to Disaster Communities: Through the Lenses of Diaspora and Pluralism, Religions, 2024.
Hegel, G. W. F., Phanomenologie des Geistes, Werke III, Frankfurt am Main: Suhrkamp Verlag, 1986.
Locke, J., ed. by Peter Laslett, "The Second Treatise", in Two Treatises of Government, Cambridge: Cambridge University Press.
Marx, K., Die Frühschriften, Herausgegeben von Siegfried Landshut, Stuttgart: Alfred Kröner Verlag, 1971.
_____, Early Writings, Into. by L. Colleti, tr. by G. Benton and R. Livingston, Harmondsworth: Penguin Books, 1975.
Marx, K., u. Engels, F., Das Kapital, Karl Marx-Friedrich Engels-Werke BD.23, Berlin: Dietz Verlag, 1979.
Plamenatz, J., Man and Society, Vol. I, Burnt Mill: Longman House, 1963.
Quan-Haase, A. and Wellman, B., "How does the Internet Affect Social Capital", 2002, in Marleen Huysman and Volker Wulf, (eds.), IT and Social Capital, Boston: MIT press, 2024.
Raymond, M., and DeNardis, N., "Multistakeholderism: anatomy of an inchoate global institution", International Theory 7, no. 3, 2015.
Rousseau, J.-J., "Du Contract Social ou principles du droit politique", éd. Bernard Gagnebin et Marcel Raymond, Oeuvres Complètes, Vol. 3, Paris: Gallimard, 1980.
_____, "Discours sur l'origine et les fondments de l'inegalite", Oeuvres Complètes Vol. 3, Paris: Gallimard, 1980.
Tapscott D., Rethinking Promise and Peril in the Age of Networked Intelligence, New York: McGraw-Hill, 2014.

Toffler, A., Revolutionary Wealth, New York: Knopf, 2006.
Wellman, B., 2001, "Physical Place and Cyber Place: The Rise of Networked Individualism", International Journal of Urban and Regional Research 25.2.

초연결사회의 연결과학: 새로운 이론의 정립과 적용

김덕삼

* 이 글은 2024년 12월 『원불교사상과 종교문화』(원광대학교 원불교 사상연구원) 102집에 실린 글을 수정한 것이다.

1. 연결의 의미와 가치

연결은 연대, 연계 등과 비슷한 의미를 공유한다. 이들은 잇닿다, 이어지다, 계속되다, 맺다 등의 의미를 지닌 '連'이라는 공통점을 갖는다. 이밖에 연결에는 연관, 연락, 접속, 직결, 연계, 관련, 결부, 결속 등의 비슷한 말들이 있다.[1]

축의 시대(Axial Age)를 보더라도,[2] 연결에 대한 사상은 특별했다. 연결에 대하여 연기론과 인과론을 강조하는 불교에서는 "이것이 있기에 저것이 있고, 이것이 생겨나기에 저것이 생겨난다. 이것이 없기에 저것이 없고, 이것이 멸하기에 저것이 멸한다."라며 연기적 연결을 강조했다.[3] 한편, 도가의 연결 개념은 생(生)과 사(死)는 기의 이합집산(離合集散)이라는 장자(莊子)의 주장 등에서 찾아볼 수 있다.[4] 고

---

[1] 연결은 공존과 다르다. 특히 그동안 논의되었던 인간과 동물의 공존과도 다르다. 인간과 인공물의 '공존(共存)'은 보다 적극적이고 능동적으로 고려해야 할 '연결' 다음의 문제이다. 연결은 '사실'이다. 김덕삼·이경자, 「공동체에서 인간과 인공물의 연결에 대한 검토와 제안: 도교적 이론과 사례를 참고하여」, 『가족과 커뮤니티』, 2024, 273쪽.

[2] 차축시대(車軸時代)로 불리기도 한다. 독일의 철학자 카를 야스퍼스가 『역사의 기원과 목표』(1949년)에서 '축의 시대'를 언급했다. 카렌 암스트롱은 『축의 시대』(카렌 암스트롱 저, 정영목 역, 교양인, 2010, 1-740쪽)에서 현대의 관점에서 축의 시대만을 집중적으로 논하고 있다.

[3] "Assutavā Sutta: Uninstructed (1)", Access to Insight (BCBS Edition), Translated by Thanissaro Bhikkhu. 30 (Samyutta Nikaya 12.61), PTS: S ii 94, CDB i 595, 2005 (https://www.accesstoinsight.org/tipitaka/sn/sn12/sn12.061.than.html; 검색일 24.11.13).

[4] 기(氣)를 토대로 한 이합집산에서 생(生)과 멸(滅)이 이루어짐을 논한 도가적 설명은 현대 과학의 관점에서 보아도 그리 난해하지 않다. 세상의 모든 물질이 우주에 존재하는 기본적 물질인 원소의 조합에 지나지 않기 때문이다. (중략) 이는 도가만의 생각이 아니다. 현대의 과학에서도 이러한 구도로 연결을 논한다. 예를 들어 다음과 같은 논의가 있다. "원자적 관점에서 보면 인간은 공기가 응축된 경이롭고 복잡한 덩어리다. 따라서 대기의 성분이 변하면 우리 몸의 성분도 바뀐다는 것은 지극히 당연한 일이다."(커트 스테이저 저, 김학영 역, 2014, 134쪽) 이에 대해 다음의 논문에서 자세히 다루고 있다(김덕삼·이경자, 앞의 논문, 272-273쪽).

대 로마의 시인 테렌티우스(Publius Terentius Afer)는 "나는 인간이기에 인간에 관한 일은 무엇이거나 나랑 관계없다고 생각하지 않는다(Homo sum)."라고 말했다.[5]

현대에도 '연결'을 중시한다. 초연결사회의 확산을 비롯하여, 맑스도 『정치경제학 비판 요강』에서 "사회는 개인들로 이루어지지 않는다. 사회는 개인들이 그 속에 존재하는 관계와 연결의 총합을 나타낸다."라며 사회와 개인들의 연결을 거론했다.[6]

'연결'은 주지하다시피 불교에서 특히 강조되었다. 하지만 "윤회사상을 불교 특유의 것인 양 오해하지만, 그것은 인도에 보편화된 하나의 상식이었을 뿐 결코 붓다의 생각은 아니다. 물론 후세의 불교가 그것을 받아들인 것까지는 부정할 수 없지만 말이다."라는 지적에서 보면,[7] '연결'은 특정 시대와 인물에게서만 강조할 일은 아니다. 이에 우리는 그리 어렵지 않게, '연결'에 대한 인식과 사유가 인류의 '보편적 사고'로서 존재했다고 말할 수 있겠다.

문제는 지금이다. 통신과 교통을 근간으로 한 과학기술의 발달은 인류를 더욱 가깝게 만들었다.[8] 과거와 다르게 조밀하고 복잡한 연결이 우리를 감싸고 있다. 그 결과, 연결을 통해 대처할 일이 많아지고, 연결로 인해 파멸에 이르기도 쉬워졌다.[9] 더구나 현 인류는 인류를 파괴할 능력도 과학적 발전 못지않게 키웠다.[10] 그렇다면, 이에 대

---

5   마스터니 후미오 저, 이원섭 역, 『불교개론』, 현암사, 2022, 47쪽.
6   피에르 부르디외·로익 바캉 저, 이상길 역, 『성찰적 사회학으로의 초대 (부르디외 사유의 지평)』, 그린비, 2015, 60쪽.
7   마스터니 후미오, 앞의 책, 35쪽.
8   김덕삼·이경자, 앞의 논문, 271-295쪽.
9   김덕삼, 「재난공동체와 영성 교육」, 『한국학연구』, 2023, 29-57쪽.
10   김덕삼·이경자, 「인간과 AI의 진화 그리고 연결에 대한 성찰」, 『지식융합연구』, 2024, 109-135쪽.

한 대비는 무엇으로 할 수 있을까? 본고에서는 이에 대한 대답으로 기존의 '연결' 담론과 관련 이론을 고찰하며, 인문학적 측면에서 연결이론의 기반이 되는 핵심요소를 제시함으로써 연결이론의 정립을 주장하고자 한다.

2. 관련 이론 및 연결이론 정립의 필요성

관련 이론

'연결이론'으로 명명하기에는 무리가 있지만, 소셜 네트워크(social network), 연결망 이론 같은 유사 이론들이 '연결'에 초점을 맞춰 발전해 왔다. 이들은 주로 시스템의 복잡성, 상호작용, 구조를 이해하려는 공통된 목표를 가지고 있다. 먼저 그 이론들을 알아보겠다.

첫째, 복잡계 이론(Complex Systems Theory)이다. 이 이론은 시스템을 구성하는 많은 요소가 상호작용하면서 예측 불가능하고 비선형적인 행동을 나타내는 복잡한 시스템을 연구한다. 연결이론이 주로 연결의 구조와 연결성을 다룬다면, 복잡계 이론은 이러한 상호작용이 시간에 따라 어떻게 변하고 진화하는지를 분석한다. 예를 들어, 생태계, 사회 시스템, 경제 시스템 등을 설명한다. 복잡계에 대한 정의는 〈표1〉처럼 학자마다 조금씩 다르다.

학자명	복잡계의 정의
머레이 겔만	복잡계는 수 많은 구성요소들을 이해하는 것만으로는 완벽하게 설명할 수 없는 시스템이다. 복잡계는 서로 상호작용을 하며 얽혀 있는 많은 행위자, 개체, 부분들로 구성되어 있다.
W.브라이언 아더	상호 간섭하는 무한한 요소가 어떠한 패턴을 형성하거나 예상치 못한 성질을 드러내거나, 각 요소 자체에 되먹임 패턴을 가지는 시스템을 복잡계라고 한다. 복잡계는 수없이 진화하고 시간의 흐름에 끊임없이 진행중에 있는 시스템이다.
하버트 A. 사이먼	복잡계는 비교적 수많은 연관관계를 가지고 있는 구성요소들이 다른 요소들의 행위에 의해 각 구성요소의 행동결과가 좌우되는 시스템이다.
루스템 F. 이스마길로프	복잡계는 그 변화가 작은 요동이나 초기조건에 민감하거나, 지니고 있는 많은 구성요소들이 독립적으로 상호작용하고 있거나, 진화의 가능성을 다양하게 갖고 있는 시스템이다.
제롬 L. 싱어	복잡계란 수많은 행위자가 상호작용하며 종합적으로 그들의 행동을 이해해야하는 시스템이다. 이러한 비선형적인 행동은 단순히 합해서는 개별요소들의 행동을 유도할 수 없다.
요시나가 요시마사	복잡계란 해당 요소가 다른 요소와 끊임없이 상호작용하는 수많은 구성요소로 이루어진 한 덩어리의 집단으로서, 어떠한 독자적인 행동이 각 부분에 움직임의 총화 이상으로 보이는 것이다.

〈표1〉 복잡계의 정의[11]

특히, 자기 조직화(Self-Organization)는 중요한 개념이다. 이는 외부의 명령이나 중앙 통제 없이 시스템이 스스로 구조나 패턴을 형성하는 현상을 설명한다. 예를 들어, 개미 집단이 스스로 질서를 만들어 먹이를 운반하거나, 시장 경제가 수요와 공급에 따라 가격을 형성하는 것 등이 있다. 연결의 구조와 영향 관계 분석에서 중요하며, 예측이 구체화 될 수 있다.

---

11 김효재, 「복잡계이론에 의한 종합병원 외래진료부 공간구성체계에 관한 연구」, 홍익대학교 학위논문(박사), 2020년, 53쪽.

둘째, 네트워크 이론(Network Theory)이다. 이 이론은 연결이론과 밀접하며, 네트워크의 구조와 특성을 분석하는 데 중점을 둔다. 연결이론이 넓은 범위를 대상으로 하는 이론이라면, 네트워크 이론은 상대적으로 좁은 범위를 대상으로 한다. 네트워크 이론은 노드와 엣지의 구체적인 속성, 네트워크의 중심성, 클러스터링 계수 등을 구체적으로 다룬다. 네트워크 이론은 소셜 네트워크 분석, 인터넷 네트워크 구조 연구, 전염병 확산 모델링 등 다양한 분야에서 활용된다. 네트워크 이론은 구조의 특성상 다음과 같이 구분할 수 있다.

(1) 스몰 월드 네트워크(Small-World Network)이다. 대부분의 노드가 짧은 경로로 연결되는 구조를 갖는다. 사람들 간의 '여섯 단계 분리 이론(six degrees of separation)'이 대표적이다.[12] 네트워크의 밀도와 정보 전달의 효율성을 설명할 때 자주 사용된다.

(2) 스케일 프리 네트워크(Scale-Free Network)이다. 이것은 특정 노드(허브, hub)가 다른 노드들보다 훨씬 많은 연결을 가진 네트워크 구조를 말한다. 인터넷 네트워크나 항공 네트워크 등이 이 구조를 따르며, 특정 노드의 중요성을 강조할 때 언급된다.

셋째, 체계 이론(Systems Theory)이다. 이 이론은 전체 시스템을 구성하는 부분들 간의 상호작용을 연구하며, 이러한 상호작용이 시스템의 전체적인 행동과 특성을 어떻게 형성하는지 설명한다. 체계 이론은 생물학, 사회학, 공학 등 여러 분야에서 활용되며, 시스템의 개방성, 피드백 루프, 안정성과 같은 개념을 중심으로 다룬다. 특히, 체계 이론에서 피드백 루프(Feedback Loop, 되먹임 고리)는 시스템 내에

---

[12] 6단계만으로 지구상에 존재하는 모든 사람과 연결된다는 이론으로, 미국의 연예인인 케빈 베이커의 이름을 따서 케빈 베이커 게임(Kevin Bacon Game)이란 이름으로 불리기도 했다.

서 결과가 다시 원인에 영향을 미치는 순환 구조를 갖는다.[13] 긍정적 피드백(positive feedback)은 자기 강화적이며, 부정적 피드백(negative feedback)은 균형을 유지하려는 경향이 있다. 피드백 루프는 시스템 내에서 각 요소가 어떻게 연결되어 있는지 설명할 때 유용하다.

넷째, 게임 이론(Game Theory)이다. 이는 행위자가 제한된 자원이나 목표를 두고 상호작용할 때의 전략적 의사 결정을 분석하는 이론이다. 각 행위자가 서로의 행동에 영향을 미치고 영향을 받는다는 점에서 연결이론과 유사하다. 그러나 게임 이론은 의사 결정의 수리적 모델링과 최적화에 중점을 둔다. 게임 이론에서 내쉬균형(Nash Equilibrium)은 모든 참여자가 자신의 전략을 변경하지 않는 한 서로에게 최선의 결과를 가져오는 상태이다.[14] 이는 연결이론에서 각 요소가 서로의 상태에 영향을 받는 상황을 설명할 때 응용할 수 있다.

다섯째, 혼돈 이론(Chaos Theory)이다. 이는 초기 조건에 매우 민감하게 반응하는 비선형 동적 시스템을 연구한다. 특히, 작은 변화가 전체 시스템에 큰 영향을 미칠 수 있다는 '나비 효과'로 유명하다. 시스템의 요소들이 서로 복잡하게 연결되어 있다는 점에서 연결이론과 유사하지만, 혼돈 이론은 주로 불확실성과 예측 불가능성에 비중을 둔다.

---

13 복잡계 구성 요소들의 상호작용도 피드백 루프(되먹임고리)를 형성하고 있으면서, 다양한 경로를 거쳐 한 방향으로만 치우치지 않고, 자신에게 되돌아오는 경우가 많음을 알 수 있다. 길고 넓게 본다면, 연결에서의 인과응보로 볼 수도 있겠다.
14 게임의 경기자 모두 상대방의 전략에 대한 최선대응(Best Response) 전략을 구사하고 있는 상황을 말한다. 여기서 최선대응이란, 상대 경기자가 취할 수 있는 각각의 전략에 대하여 자신에게 가장 유리한 결과를 발생시키는 대응 계획을 말한다. 내쉬균형이 반드시 파레토 최적의 결과를 보장하는 것은 아니며 그 대표적인 예시가 죄수의 딜레마(Prisoner's Dilemma)이다(시사경제용어사전, https://www.moef.go.kr/sisa/dictionary/detail?idx=774).

여섯째, 정보 이론(Information Theory)이다. 이는 신호나 데이터의 전달, 처리, 저장과 관련된 수학적 이론으로, 정보의 양과 효율적인 전달 방식을 연구한다. 네트워크를 통한 정보의 전달과 확산을 분석할 때, 연결이론은 정보 이론의 이러한 분석을 활용할 수 있다.

일곱째, 코즈모폴리터니즘이다. 연결은 우주적 공동체(cosmic community)를 논하며 코즈모폴리터니즘의 연결로 확장된다. 코즈모폴리터니즘에서 확장된 '우주적 공동체'의 개념에는 '공동체'라는 개념이 지닌 '포괄적 원(circle of inclusion)'의 의미를 확장하여, 다층적이고 복합적인 의미를 지닌다.[15] 로마의 스토아 사상가 아우렐리우스(Aurelius, 121~180)는 우주를 공화국으로, 온 인류를 위한 공동 도시로 표상함으로써 코즈모폴리턴 사상을 강조했다.[16] 칸트(Kant, 1724~1804)는 그의 『영구평화론』에서 '지구의 모든 사람이 각기 다른 차원으로 이 우주적 공동체에 들어왔음'을 강조했다. '지구상에 거주하는 모든 사람'의 삶이 지닌 상호연관성에 주목했다. 이는 코즈모폴리터니즘에서 우주적 공동체 담론까지 확장될 수 있다.[17] 이는 모든 인간이 공동 운명을 지닌 존재이기에 모든 이에게 적용되는 보편법에 따른 정치 공동체를 건설해야 한다고 주장한다. 모든 이들의 존재론적 평등성을 반영하는 '우주적 공동체'에 대한 이러한 이상은 '코즈모폴리턴 유토피아'의 비전을 담고 있다.[18]

'연결'에 관한 이러한 이론들은 상호 보완적 관계를 갖는다. 또한, 각 이론은 조금씩 각기 다른 관점과 주안점을 갖고, 복잡한 시스템의

---

15 강남순, 『코즈모폴리터니즘이란 무엇인가』, 동녘, 2022, 85쪽.
16 강남순, 위의 책, 113쪽.
17 김덕삼, 「열린 공동체를 위한 포용 정책」, 『동아시아고대학』, 2023, 217-218쪽 ; 강남순, 앞의 책, 130쪽.
18 강남순, 앞의 책, 116-118쪽.

상호작용을 설명한다. 연결이 중요한 화두가 되는 이러한 이론들을 보다 통합적으로 이해하여 적용한다면, 우리는 연결이론과 관련하여 연구 대상에 대해 더 깊은 분석과 문제 해결 방안을 모색할 수 있을 것이다.

이론적 정립의 필요성

앞에서 본 것처럼, 연결에 대한 담론과 이론은 다양하다. 이러한 상황에서 연결에 대한 보다 체계적이고 종합적이며 전문적인 하나의 이론을 요청한다. 연결 자체에 초점을 맞춰 연결을 구체적으로 고찰하고, 그 결과물을 도출할 필요가 있다. 특히, 과학기술의 발전에 따라, '연결'에 대한 관심과 이론적 정립의 필요성은 커졌다. 구체적으로는 다음과 같다.

첫째, 변화한 오늘, '연결'에 대한 필요성이 절실해졌다. 연결의 중요성은 과학과 기술의 발달로 교통과 통신이 발전할수록, 인류가 차지하는 공간과 시간이 축소되고 서로가 가깝게 연결되면서 더욱 주목받았다.[19] 차축시대 이전의 인류는 반경 수백 킬로미터의 공간에서 태어나 생활하다 생을 마감하는 게 전부였다. 하지만 교통 통신의 발달로, 인류의 활동 반경은 넓어졌고, 영향력과 관계는 긴밀해졌다.[20]

19　김덕삼 외, 『장소철학 1』, 서광사, 2020, 257-276쪽.
20　이러한 맥락에서 인류의 공간과 시간에 대한 변화를 기초로 본질적 사유를 강조한 연구가 있다. 논문에서는 기원전에 존재했던 전국시대의 7개 나라와 현대의 G7을 비교하며, 달라진 점을 논한다. (김덕삼, 「時間과 空間의 境界를 넘어서 思考하기 - 戰國七雄과 G7을 중심으로」, 『동아시아고대학』, 2017, 173-198쪽). 세대를 달리하여 7-80대가 출국 경험을 한 것과 요즘 10대가 출국 경험을 한 것의 차이가 크다. 공간에 대한 경험과 지배력은 개인의 인식에 전환을 가져오고, 세계관의 차이를 불러온다. 코호트효과(Cohort Effect)도 이와 같은 맥락에 있다.

과거처럼 자급자족하는 시대가 아니다. 먹고, 입고, 마시는 모든 것이 인류 공동체의 조밀한 그물망 속에 연결되어 이루어진다. 특히, 인터넷은 인간과 인간, 인간과 세상을 더욱 가깝게 만들었다. 네트워크에 따른 연결은 물론이거니와 복잡계 과학의 출현 이후, '연결'에 대한 관심과 필요성은 확대되고 있다.

둘째, 연결이론의 정립을 통해, 구심점을 만들어야 한다. 다양한 방면에서 '연결'을 거론했지만, 파편적 논의에 그쳤다. 심지어 연결이론을 전문적으로 다룬 연구도 찾아보기 힘들다. '연결'을 논하지만, 이를 이론으로 다룬 것은 없다. 국문학에서 다루는 '연결이론'은[21] 본고의 취지와 다르다. 이러한 상황에서 '연결' 개념을 중심으로 연결 관련 담론을 한 곳에 담을 필요가 있다. 연결과 관련된 기존의 이론은 각각의 분야에서 다뤄졌다. 각 분야를 중심으로 미시적이고, 기능적이며, 분석적 측면에서, 주로 표출되는 현상에만 집중하여 다루어졌다. 이에 인문정신을 토대로 하는 연결이론을 상정할 필요가 있다. 그래서 검은 백조(black swan)가 아닌 회색 코뿔소(gray rhino)의 위험을 대비하고,[22] 휴머니티(humanity)를 중심에 놓으며, 인간과 인간, 인간과 자연의 공존을 모색해야 한다.[23] 나아가 이러한 목적 자체, 연결이

---

21 언어학이나 국문학에서 언급된 연결이론은 선행관계를 어떠한 조건도 없이 연결관계(linking)로 표현한다는 것으로, 1983년에 Higginbotham이 제기하고, 1984년에 Montalbetti에 의해 정립되었다(김용석, 「'자기'의 지시의존에 관하여: 결속이론 대 연결이론」, 『언어』, 12(2), 1987, 329쪽). 본고에서 다루는 연결이론과 범주와 대상에서 차이가 있다.
22 "일어날 수 없는 일이 일어나는 블랙 스완(black swan)을 대비하는 연구는 어렵다. 그러나 개연성이 높고 파급력이 크지만 사람들이 간과하는 위험인 회색 코뿔소, 이는 갑자기 발생하지 않는다. 코뿔소는 눈에 잘 띈다. 그런데 코뿔소가 달려오면 대처 방법을 몰라 부인하거나 공포 때문에 아무 행동도 취하지 못한다."(김덕삼, 『변화와 장의 탐구: 중국의 사람·사회·문화를 중심으로』, 한국학술정보, 2022, 10쪽.) 회색 코뿔소를 대비할 연구가 필요하다.
23 휴머니티를 과거에는 '인간'으로 대체했다. 하지만 이러한 표현이 '인간 중심주의'와

왜 생겼고, 왜 필요하고, 왜 중요한지에 대한 본질적 질문과 문제의식을 염두에 두어야 한다.

셋째, '재난공동체'에서 연결은 선택이 아닌 필수다.[24] 인류 공동체를 위협하는 위기가 전면적으로 펼쳐지고 있다. 이제 이를 막기 위해서는 개별적 행동이 아니라, 연결 속에 공동체 모두가 힘을 모아야 한다.

"현대의 인류 공동체는 재난에 공동으로 대응해야 할 운명에 처해 있다. 재난을 경험하며, 재난이 누구 하나만의 문제가 아닌 모두의 문제임을 깨달았다. 일상에서 마주하는 교통문제, 대기오염 문제뿐만 아니라, 전염병, 이상기후, 핵에너지, 미세플라스틱, 생활 쓰레기, 화학물질, 지진, 화산폭발, 소행성과의 충돌, 인공지능의 위협 등, 인류를 위협할 재난은 예측하기 어려울 정도로 많고 크며, 일상과 가까이 존재한다. 공동체 모두가 힘을 합하여야 한다."[25]

대가속(The Great Acceleration)의 시대에는 인류에게 빠른 성장과 물질적 풍요를 가져왔지만, 인류를 위협할 요소도 그만큼 빠른 속도로 증가했다. 이상기후, 전쟁과 분쟁, 부의 불균형 등, 일련의 이러한 문제는 개인 차원에서 감당할 수 있는 문제가 아니다. 공동체 전체

혼동될 수 있어, 인간 대신에 휴머니티를 사용했다. 인간 중심주의는 신 중심주의를 극복했지만, 자연과 우주를 담지 못했다. 그렇다고 인간이 인간 존재를 망각하고 무언가를 논할 수도 없다. 그럼 휴머니티는 '인간' 자체보다 우리말로 '사람'에 더 가까운 의미를 지닌다고 말할 수 있겠다. 굳이 정의하자면 '인간이 지닌 인간성', '인간에 대한 사랑', '인정'이라고 말할 수 있겠다.
24   현대의 인류 공동체를 재난공동체라고 명명했다. 김덕삼, 「재난공동체와 영성 교육」, 『한국학연구』, 85, 2023, 29-57쪽; Dugsam Kim; Taesoo Kim, "Applying Daoist Thoughts of Interconnectedness to Disaster Communities: Through the Lenses of Diaspora and Pluralism", religions, 2024, 1-18쪽.
25   김덕삼, 위의 논문, 31쪽.

가 힘을 모아 해결해야 한다. 그렇지 않으면 인류는 '세계의 종말(The end of the world)'을 바로 마주하게 될 것이다.

　인간은 연결됨을 인정하면서도, 현실에서의 판단이나 행동은 자기중심적이고, 언제나 자신이 먼저였다. 인간과 자연의 관계도 연결되어 있음을 알고, 이를 생태계로 묶어 이해할 수 있지만, 현실에서의 판단은 인간 중심적으로 인간 개인의 이익이 먼저였다. 결국, 인간의 이러한 태도는 생태환경을 파괴하고, 해마다 지구 온난화와 이상기후를 인간 스스로 경험하게 하고 있다. 이는 지구에 사는 인류의 위기로 확장된다. 이 역시 연결을 통해, 인류가 뿌린 씨앗을 인류가 거두게 되는 것이다.

　우리가 사는 오늘에 초점을 맞추어 보자. 기실 인류 공동체가 직면한 문제가 이처럼 커지고, 개인이 아닌 공동체 모두의 힘이 요구되는 것은 인류 공동체가 과거와 달리 긴밀한 관계를 맺고 존재하기 때문이다. 인류의 생존을 위협하는 위기임에도 이에 대한 해결책을 도출하고 실천하지 못하고 있다. 연결과 연대를 통한 실천이 필요한 지금이지만, 공동체의 위기에 함께 대처하기보다 목전의 이익에 집착하여, 직면한 위기를 눈뜨고 지켜만 보고 있다.

　넷째, '연결'은 인간을 인간답게 만든다. 그래서 인간을 인간답게 만드는 '연결'에 대한 체계적인 접근과 연구로서 바람직한 연결이론이 요청된다. 누군가 '연결'에 대해 부인해도, 우리는 연결 속에서 존재할 수밖에 없다. 동시에 연결된 공동체는 단절된 개인보다 강했다.[26] 그래

---

[26] "고유한 정신적 능력을 지녔더라도 야생에 놓인 한 명의 인간은 결코 특별하지 않다. 지능이 신체적 약점을 보완하여 생존이 가능하게 할지 모르지만 다른 종들보다 우세해질 수는 없다. 생태학적 용어로 설명하자면, 특별한 건 인간이 아니라 인류다." 토비 오드 저, 하인해 역, 『벼랑세, 인류의 존재 위험과 미래, 사피엔스의 멸망』, 로크 미디어, 2021, 23쪽.

서 "우리는 거의 언제나 학습하고 적응하는 방식으로 우리 자신의 문제를 푼다. 이것보다 더 중요한 것은 함께 문제를 푸는 재주이다."라는 지적에 동의할 수 있다.[27] 김민기가 만든 '작은 연못'이라는 노래의 가사에서나, 몸통은 하나지만 머리가 둘인 새의 이야기는 인류의 연결, 나아가 세상과의 연결의 중요성을 쉽게 알려준다. 이처럼 연결되고 중첩된 상태 속에서 인류는 공동체를 이루며 살고 있다.[28] 그렇다면, 인간을 인간답게 하기 위해서도, 인간의 가치를 지속하기 위해서도, 그리고 인류 공동체의 지속 가능한 발전을 위해서도, 그리고 '연결'에 대한 제대로 된 논의와 대책 마련을 위해서도, 연결이론 같은 구심점이 필요하다.

이제 이처럼 다양한 논의를 이론적으로 정립할 필요가 있다. 바람직한 연결이론을 통해 개별 요소들이 서로 어떻게 연결되고 상호작용하는지, 그리고 이러한 상호작용이 전체 시스템에 어떤 영향을 미치는지 분석할 필요가 있다.

3. 연결이론의 기반 정립

연결을 중심에 놓은 연결이론(Connectivity Theory)은 사람, 사물, 그리고 우주 간의 연결을 탐구한다. 이 이론은 각기 다른 요소들

27　마크 뷰캐넌 저, 김희봉 역, 『사회적 원자』, 사이언스북스, 2014, 251쪽.
28　김덕삼, 앞의 책, 107쪽.

이 서로 연결되고 상호작용하면서 새로운 의미와 결과를 창출한다는 전제에 기반한다. 물론 연구 대상, 방법, 목적, 범주 등에 따라 각기 차이는 있지만, 연결이론은 앞서 언급한 이론들의 교집합에 위치한다. 그러면서 이들과 달리 거시적이고, 통합적이며, 휴머니즘적 시각을 특징으로 한다. 이러한 특징은 복잡계(complex systems)와 네트워크 과학(network science), 사회학, 생물학, 물리학, 인문학 등 다양한 분야에서 유의미한 작용을 할 수 있다. 이제 이러한 문제의식을 고려하면서, 바람직한 연결이론의 기반을 이루는 특징과 핵심요소를 정리해 보겠다.

첫째, 연결이론은 '연결'이라는 개념을 중심으로 전개된다. 이 세상에 존재하는 것은 연결되어 있다. 이는 불교 철학의 연기론 같은 인문적 논의부터 시작하여 과학적 이론과 증명을 토대로 확장되며, 다시 통합이론으로서의 연결이론 그 자체로 귀결된다. 연결은 눈에 보이지 않더라도 우리 일상에서 중요한 역할을 한다. 예를 들어, 우리가 사용하는 인터넷도 컴퓨터들이 서로 연결된 네트워크이다. 연결이 없으면 상호작용도 없고, 변화도 없다.

『우리는 연결되어 있다』에서 톰 올리버는, 인간은 평생 35톤의 음식을 먹고, 3만 1,000리터의 수분을 마시며, 약 3억 리터의 공기를 마신다고 말한다.[29] 이게 다 어디서 왔는가? 이러한 의문은 탄력을 받는다. 미국과 캐나다 천문학자들의 2017년 연구에서 인간 신체의 많은 원자가 우주에서 이동해 왔다고 밝힌 바 있다. 우리는 우리 몸의 단

---

[29] 몸의 세포는 평균적으로 7년에서 10년밖에 살지 못한다. 예를 들어 장내막세포는 5일, 피부 표피세포는 2주, 적혈구는 4개월, 골격 세포와 창자 세포는 15년이다. 인간은 매시간 약 백만 개의 미립자를 배출한다. 톰 올리버 저, 권은현 역, 『우리는 연결되어 있다』, 로크미디어, 2022, 48-51쪽.

절을 7년이나 10년으로 잡지 않는다. 인간은 태어나서 죽을 때를 그 기준으로 삼는다. 인간의 몸은 음식에 저장된 에너지를 ATP(아데노신 삼인산)라 불리는 고에너지분자로 전환한다. 인간의 몸은 외계와의 교류를 통해 에너지를 발생시키고, 정신 활동을 가능하게 한다. 그렇다면 물리학자 프리초프 카프카의 말처럼 우리의 몸은 정말 죽은 것이 아니라 계속해서 살고 또 사는 것일 수 있다.[30] 그래서 넓게 보면, 연결 속에 네가 내가 되고, 내가 네가 될 수 있는 것이다. 이는 확장·적용된다.[31] 즉, (물론 앞으로 더 많이 발견되겠지만) 지구상에 존재하는 118개의 원소, 물질의 가장 기본적 단위인 원소가 이합집산하며 특정 존재의 생과 사를 가름한다. 결국, 연기론을 말한 불가와 기의 이합집산을 말한 도가와 같은 사상에서처럼, 연결이론은 다시 미분적인 최소단위에 도달하게 된다.[32]

둘째, 연결 단위에서 중요 포인트는 노드(node)와 엣지(edge)이다. 노드는 개별적 존재를 뜻한다. 미생물, 사람, 사물, 동물, 심지어 생각도 노드로 표현할 수 있다. 엣지는 노드 간의 연결 관계를 나타낸다. 노드들이 어떻게 연결되어 있는지에 따라 변화가 결정된다. 노드와 엣지로 이루어진 연결망을 네트워크라고 한다. 우리는 이 네트워크를 통해 세상의 일들이 어떻게 일어나는지 분석할 수 있다. 다시 말하면, 노드는 개별적인 객체 또는 주체를 나타내는 점이라고 할 수 있다. 즉, 연결에서 독립된 각각의 개체를 의미한다. 이는 물리적 개체

---

[30] 톰 올리버, 위의 책, 37-38쪽.
[31] 인문학적 변화 연구의 방법으로 제시한 프랙털(Fractal) 이론의 응용이다. 특히, 프랙털의 자기 유사성(Self-similarity)에 주목하여, 이를 적용한다.
[32] Dugsam Kim; Taesoo Kim, "Applying Daoist Thoughts of Interconnectedness to Disaster Communities: Through the Lenses of Diaspora and Pluralism", religions, 2024, 1-17쪽.

(사람, 도시, 컴퓨터 등)이거나, 추상적 개념(사상, 데이터, 개념 등)일 수 있다.

반면, 엣지는 두 노드를 연결하는 선, 이 선은 상호작용이나 관계를 의미한다. 즉, 노드 간의 연결 관계이다. 그 방향과 강도에 따라 다양한 유형의 관계를 만든다. 예를 들어, 유전학에서는 특정 유전자 간의 상호작용을 엣지로, 소셜 네트워크 서비스(Social Networking Service)에서는 사람들의 연결 관계를 엣지로 표현할 수 있다. 각각의 검색엔진과 플랫폼, 각 플랫폼과 빅데이터 플랫폼도 점과 선, 노드와 엣지 간의 연결망으로 설명된다. 엣지의 유형은 단순한 연결(예: 친구 관계)이거나, 가중치(weight)를 갖는 연결(예: 거래 규모)일 수 있다. 여기서 연결망(network)을 파악하거나, 이를 수학적 그래프 이론(graph theory)을 활용하여, 노드와 엣지의 배열과 이를 통한 구조를 파악할 수 있다. 예를 들어, SNS에서 친구 관계를 볼 때, 사람(노드)들이 친구(엣지)로 연결된 것을 생각할 수 있다. 그래프 이론을 통해 누가 많은 친구를 가졌는지, 누구와 연결이 많은지 등을 분석할 수 있다.

셋째, 연결의 특성은 '입체적 사고'와 본질에 충실한 '근원적 실천'을 가능하게 한다. 즉, 연결에 대한 인식은 '원인의 원인'을 묻고, '결과의 결과'를 생각하게 한다. 과학적으로도 로렌츠가 강연한 '브라질에서 나비가 날갯짓을 하면 텍사스에서 토네이도가 일어날까?'에서의 나비효과(Butterfly effect)처럼 세상은 조밀하게 연결되어 있기 때문이다. 그러므로 공동체의 문제에 있어 누구 하나에게 책임을 전가하고, 누구 하나의 문제로만 제한시키는 '눈 가리고 아웅'하는 식의 졸속 처방을 경계하게 된다. 연결 속에 원인의 원인을 찾아 근원적 방안을 밝히고, 결과의 결과를 고려하고 대비해야 한다. 그럴 때 함께 공존 가능한 실천 방안을 모색할 수 있다.

　이러한 자각 속에서, 서로 관련이 없어 보이는 일들, 예를 들면 중국 북방 신장 지역에서 벌어지는 인권 탄압이 단순히 중국만의 책임이 아니라, 연결된 많은 이들의 행동 속에서도 자행되고, 증가하고 있다는 사실을 깨달을 수 있다.[33] 이는 비단 신장만의 문제가 아니다. 환경 정의론에서 선진국들이 취하는 행태를 캐묻고 따져, 인류 전체가 함께 공동 대응할 것을 요구할 수 있고,[34] 국정 운영에서 기득권 세력이 자신들의 이권만 생각하다가 국가가 위기에 처하고 결국 공멸하게 된다는 경고의 이론적 근거가 될 수도 있다.

　넷째, 연결의 구조와 특성이다. 연결의 구조는 각 노드와 엣지의 배치 방식에 따라 결정되며, 이는 연결의 특성(확산성, 견고성, 유연성 등)에 영향을 미친다. 노드 간의 연결 패턴은 다양한 방식으로 나타날 수 있다. 예를 들어, 밀도(density), 경로(path), 중심성(centrality) 등과 같은 그래프 이론의 개념을 활용하여 연결망의 특성을 분석할 수 있다. 밀도는 전체 노드들 사이의 실제 연결된 엣지의 비율로, 연결망에서 노드들이 얼마나 많이 연결되어 있는지를 나타낸다. 밀도가 높을수록 많은 노드가 연결되어 있음을 알 수 있다. 경로는 한 노드에서 다른 노드로 가는 가장 짧은 길을 말한다. 중심성은 특정 노드가 네트워크 내에서 얼마나 중요한 위치에 있는지를 나타내는 척도다. 중요한 노드는 다른 노드들과 정보를 전달하거나 영향을 미치는 데

---

[33]　"인간 경험에 대해 사유하지 않는 세계적인 엔지니어, 투자자, 홍보 회사들이 인간 재교육을 설계하는 데 있어 어떤 역할을 했는지 분명하게 밝혀져야 한다. 신장이 시애틀 뒤에 버티고 서있었던 방식과 같은 상호연결망은 사유할 수 있도록 만들어야 한다." 대런 바일러 저, 홍명교 역, 『신장 위구르 디스토피아』, 생각의 힘, 2022, 172쪽.
[34]　Dugsam Kim; Taesoo Kim; Kyung Ja Lee (2024), "Discussion and Proposal of Alternatives for the Ecological Environment from a Daoist Perspective", religions, 1-18쪽.

큰 역할을 한다. 대표적인 연결 구조로는 무작위(random) 연결, 스몰 월드(small-world) 연결, 스케일 프리(scale-free) 연결 등을 고려할 수 있다.[35]

다섯째, 디지털 전환이다. 연결이론의 구체적 실현을 위해, 디지털화가 이루어져야 한다. 인문학과 깊은 관계를 맺는 연결이론에서는 기존의 인문 자료를 디지털로 활용할 필요가 있고, 이에 따른 연구방법이 개발되어야 한다.[36] 예를 들면, 디지털과 인문학의 접목에 있어, 두 가지 방법을 제시할 수 있다. 하나는 디지털화의 토대가 되는 아카이브(archive)이고, 다른 하나는 디지털을 분석하고 파악하는 데이터 마이닝(data mining)이다.[37] 인문학 자료를 디지털로 전환하고, 이를 활용하여 분석하는 두 작업은 매우 중요하다.

현재 모색하는 연결이론에는 앞서 다룬 연결이론과 유사한 이론들이 다루는, 혹은 이들과 공통되는 몇 가지 중요한 것이 있다. 이를 정리하면 다음과 같다.

첫째, 연결이론은 복잡계 이론과 긴밀한 관계를 맺는다. 연결이론

---

[35] 연결의 구조에서 연결망을 분석할 때 인접 행렬(adjacency matrix)을 사용하여 노드 간의 관계를 '정량적'으로 나타낼 수 있다. 인접 행렬은 노드 간의 연결 유무를 0과 1로 표시하는 행렬로 나타낸다. 예를 들어, 두 노드가 연결되어 있다면 그 교차점에 1로, 연결되지 않았다면 0으로 표시한다.
[36] 김덕삼, 「변화의 시대, 인문학적 변화 연구와 방법에 대한 고찰」, 『대순사상논총』, 49, 2024, 265-294쪽.
[37] 아카이브는 인문, 사회, 역사, 철학, 경제, 법 등 관련 자료를 디지털화하고, 이것을 누구나 검색하고 활용하도록 표준화하여 보존하는 것이므로, 디지털화의 토대가 되는 중요한 작업이다. 다시 말해 아카이브는 소장품이나 자료 등을 ① 디지털화하여, 한데 모아서 ② 저장하고 관리하며, 자료를 쉽고 효과적으로 ③ 검색할 수 있도록 모아 둔 ④ 파일을 의미한다. 데이터 마이닝은 대규모의 데이터베이스 안에서, ① 반복되는 단어(횟수, 위치를 통계적으로 파악)와 ② 일정한 규칙(단어간의 호응관계, 문장 규칙)과 ③ 패턴(언어 규칙 이외의 거시적 흐름)과 ④ 표면적 의미와 심층적 가치를 찾아내는 것으로서, 데이터에 내장된 것을 분석하는 것을 말한다(장영창·김덕삼, 「빅데이터를 기반으로 한 『전경(典經)』 연구」, 『대순사상논총』, 50, 2024, 76-77).

도 복잡계 이론처럼, 많은 요소가 서로 연결되어 복잡한 패턴이나 행동을 나타내는 시스템을 다룬다. 복잡계 이론에서는 물리적 세계를 비대칭적이고 비선형적인 것으로 파악하기에, 세계가 복잡하고 그다음을 예측하기 쉽지 않아 보인다. 하지만 복잡계 이론에서는 복잡계를 구성하는 개별 요소 그 자체보다, 이들 사이의 연결에서 나타나는 출현적 현상에 주목한다. 복잡계에서 '복잡'의 의미는 'Complex'보다 'Complicated'에 의미 비중을 둔다. 즉, 얽여있고 혼란스럽게 보이지만 질서 있고 정연한 상황의 의미를 내포한다. 그러므로 예측의 불가능성이나, 끝없는 무작위성을 의미하지 않는다. 그 원인과 결과의 복잡함을 아직 제대로 파악하지 못했을 뿐이다. 이러한 시스템은 각 요소의 단순한 합으로 설명될 수 없다. 오히려 각 요소 간의 상호작용이 전체 시스템의 특성을 결정짓는 구도이다. 연결에 의한 상호작용이 각 개체의 존재보다 강조된다. 존재들의 연결로 새로운 질서와 현상이 '창발(Emergent)'되기 때문이다. 그래서 확률론적 사고와 통계학이 주목받았고, 생태계나 경제 시스템이 복잡계의 대표적 예가 된다.

둘째, 동역학 시스템(dynamical system), 혼돈 이론(chaos theory)을 비롯하여 확률과 통계가 필요하다. 연결망 내에서, 노드들이 시간에 따라 어떻게 변하는지, 연결망이 시간에 따라 어떻게 변화하고, 그 변화가 시스템 전체에 어떤 영향을 미치는지 분석하는 데 필요하다. 점진적 변화가 작은 초기 조건의 차이로 인해 큰 결과를 초래하는 나비 효과와 같은 현상도 연결이론에서 분석할 수 있다. 또한, 연결이론은 다양한 연결 패턴을 예측하고 분석하는 데 있어서 확률적 모델을 활용할 수 있다. 이로써 각 노드 간 연결 확률을 계산하고, 이를 통해 시스템의 변화 가능성을 정량적으로 예측할 수 있다.

셋째, 네트워크의 중심성(Centrality)이다. 중심성은 네트워크 내에서 특정 노드가 얼마나 중요한 역할을 하는지를 나타내는 지표이다. 여러 종류의 중심성이 있으며, 각기 다른 방식으로 네트워크 내 중요도를 평가한다. 여기에는 한 노드에 연결된 엣지의 수가 중요한 단계 중심성(Degree Centrality), 한 노드가 네트워크 내 다른 노드 간의 경로에서 얼마나 자주 나타나는지가 중요한 매개 중심성(Betweenness Centrality), 한 노드가 네트워크 내 다른 모든 노드와 얼마나 가까운지가 중요한 근접 중심성(Closeness Centrality)이 있다.

넷째, 연결의 탄력성과 취약성(Resilience and Vulnerability)이다. 연결의 탄력성은 외부 충격에 대해 연결이 얼마나 잘 견딜 수 있는지를, 취약성은 특정 노드나 엣지가 제거될 때 연결 전체가 얼마나 손상될 수 있는지를 평가한다. 예를 들어, 인터넷 연결망에서 특정 서버가 다운되었을 때 그 영향이 얼마나 큰지 분석하는 것과 유사하다.

4. 활용 방향

연결이론은 개별 요소들의 상호작용과 관계 구조를 통해 전체 시스템의 특성을 이해하려는 학문적 접근이다. 이는 현대사회의 복잡한 문제를 해결하는 데 유용하며, 다양한 학문 분야에서 이미 연구되고 있지만, 아쉽게도 독립된 연결이론으로 정립되지 않았다. 그러므로 바람직한 이론의 정립은 그 응용력과 확장력의 측면에서 중요하다. 연결이론을 통해 우리는 단순히 개별 요소를 보는 것이 아니라, 이들이 연결되어 형성하는 전체적인 그림을 볼 수 있고, 이는 다양한 학문 분야에 응용될 수 있다. 그 예를 제시하면 다음과 같다.

첫째, 사회학이다. 사회 네트워크 분석을 통해 사람 사이의 관계, 정보의 흐름, 사회적 영향력 등을 연구한다. 이를 통해 사회 문제를 해결하거나, 집단 내의 영향력 있는 사람(오피니언 리더)을 파악하거나, 정보의 확산 경로를 분석할 수 있다.

둘째, 생물학이다. 생태계는 동물, 식물, 미생물 등이 연결된 복잡한 시스템이다. 각 생물은 다른 생물과의 연결을 통해 생존하며, 한 부분이 변화하면 다른 부분에도 영향을 미친다. 특히, 유전자 네트워크, 단백질 상호작용 네트워크 등을 분석하여 생물학적 시스템 내에서 특정 유전자나 단백질이 어떤 역할을 하는지, 그리고 어떤 연결이 중요한지 연구할 수 있다.

셋째, 경제학이다. 글로벌 공급망 네트워크, 금융 네트워크 등을 분석하여 국가나 기업이 얼마나 연결되고, 특정 연결이 끊겼을 때 경제에 어떤 영향을 미치는지 분석할 수 있다.

넷째, 인문학적 변화(change) 연구이다.[38] 인간을 중심에 놓고 진행하는 인문학적 변화 연구는 크게 세 가지 틀 안에서 진행된다.[39] 먼

---

[38] 인문학적 변화 연구에 대한 "언급은 다분히 인문학자답다. 오늘날 우리 사회의 문제를 분석하고 해결책을 제시하는 사회학자나 공학도의 대답은 이처럼 두루뭉술하거나 혹은 본질적 문제를 인간과 연관하여 파헤치지 않는다. 하지만 거시적이고 통합적인 관점, 인간을 중심에 놓는 사고를 놓칠 수 없다. 비록 공중부양하는 것처럼 붕 떠 있어 보일지라도 인문학적 연구방법의 개발과 적용을 손에서 놓을 수 없다. 그 속에서 변화도 발전도 가능하다. 사실 조금 더 관심을 갖고 생각한다면, 이는 인문학적 접근이라도 그리 어려운 일이 아니다."(이경자, 「'변화와 장의 탐구'에 대한 비판적 이해와 기대」, 『가설과 상상』, 2024, 61-62쪽.)

[39] 김덕삼, 「학술에세이 '인문학적 변화의 탐구'」, 『대학지성 In&Out』, 2023.06.17,

저 인풋과 아웃풋의 관찰에서이다. 인문학적 변화 연구는 특정한 인풋(원인이나 자극)이 어떻게 새로운 아웃풋(결과나 반응)으로 이어지는지를 탐구한다. 연결이론에서 이는 다양한 요소들이 상호 작용하여 예측할 수 없는 결과를 만들어내는 과정과 유사하다. 예를 들어, 한 사회의 문화적 변화(인풋)는 개인의 행동과 사고방식(아웃풋)에 영향을 미친다. 이때 문화와 개인은 서로 연결되어 있으며, 이 상호작용은 새로운 변화를 만드는데, 이 과정을 밝히는 과정에서 연결이론은 중요하다.

다음은 변화와 패턴의 관계에서다. 변화는 종종 특정한 패턴을 만든다. 연결이론에서 패턴은 서로 연결된 요소들 사이의 규칙성과 반복성을 의미한다. 인문학적 측면에서 패턴을 연구하는 것은 역사, 문학, 철학 등의 영역에서 어떻게 특정한 변화가 반복되고 유사한 결과를 만드는지를 분석하는 것이다. 예를 들어, 역사 속에서 반복적으로 나타나는 혁명이나 사회적 운동은 각각의 요소(사회적 불만, 지도자의 역할, 시대적 상황 등)가 연결되어 형성된 하나의 패턴으로 볼 수 있다. 그러므로 연결이론에 기초하면, 패턴을 정확하게 파악하고, 미래의 변화를 구체적으로 대비할 수 있다.

끝으로, 변화의 주체와 장(場, field)의 관계에서다. 변화의 주체는 변화를 이끌어가는 개인이나 집단을 의미하고, 변화의 장은 변화가 일어나는 환경이나 상황을 내포한다. 물론 시간에 따른 변화도 포함된다. 연결망은 정적인 것이 아니라, 시간에 따라 변할 수 있다. 예를 들어, 사람들 사이의 관계는 시간이 지나면서 변화할 수 있다. 이러한

---

https://www.unipress.co.kr/news/articleView.html?idxno=8617; 김덕삼·이경자, 「인문학적 변화 연구의 제안」, 『지식융합연구』, 5(1), 2022, 209-232쪽.

변화를 분석하기 위해서는 동적 시스템 이론을 사용한다.[40] 연결이론에서는 주체와 환경이 서로 밀접하게 연결되어 있으며, 이 둘의 상호작용이 변화를 만들어낸다고 본다. 예를 들어, 문학 작품에서 한 인물의 성격 변화는 그 인물이 처한 사회적 환경과 긴밀히 연결되어 있다. 즉, 주체(인물)와 장(환경)의 연결이 변화를 촉발하는 중요한 요소로 작용한다. 이를 통해 원인의 원인과 결과의 결과를 파악하고, 주체 중심의 사고가 갖는 폐단을 극복할 수 있다.

이러한 접근법은 변화의 복잡성을 이해하고, 변화의 이면에 숨겨진 다양한 연결고리를 발견하는 데 도움을 준다. 이렇게 다양한 요소들이 어떻게 서로 영향을 주고받으며 변화를 만드는지를 탐구하는 것이 인문학적 측면에서 진행하는 변화 연구의 중요한 부분이다.

연결이론은 인문학적 변화연구에서, 연결망을 정량적으로 분석하여 그 상호작용을 이해하고, 이를 바탕으로 변화의 패턴을 규명할 수 있다. 정량적 접근을 바탕으로 인문학적 관점에서 다양한 연결과 변화를 해석하고, 이를 실천적 방식으로 활용할 가능성을 제시할 수 있다.

그럼, 이러한 연결이론이 현재 우리 사회의 어떤 문제에 필요할까? 그리고 그 문제들을 연결이론을 통해 어떻게 해결할 수 있을까? 연결이론과 유사한 사회적 네트워크 분석(Social Network Analysis)을 예로 들어 논하면 좋을 것 같다. 사회적 네트워크 분석은 개인이나 집단 간의 관계를 네트워크로 표현하여 그 구조를 분석하는 방법론이다. 연결이론과 유사하게 노드와 엣지를 사용하여 사람들 간의 관계, 정보의 흐름, 영향력 등을 시각화하고 분석한다. 이 접근법은 특

---

[40] 동적 시스템 이론은 작은 변화가 큰 결과를 가져올 수 있음을 보여주는 '나비 효과'를 설명하는 데도 유용하다. 작은 변화가 전체 시스템에 미치는 영향을 과학적으로 분석할 수 있다.

히 사회학, 인류학, 마케팅 등에서 활발히 연구되고 있다.

사회적 네트워크 분석에서 사회적 자본(Social Capital)이란 개념도 나온다. 이는 사회적 연결 속에서 개인이나 집단이 연결성을 통해 얻을 수 있는 이익을 의미한다. 연결이론에서 강조하는 연결의 중요성을 사회적 자본의 관점에서 이해할 수 있다. 사회적 자본은 물질과 가시적인 지표로 측정되는 자본의 범주를 넘어, 정적이고 추상적인 가치를 담아, 인간을 중심에 놓은 연결이론이 추구하는 목적을 달성할 수 있다. 그리고 그 속에서 사회 공동체의 협력을 거시적 차원에서 요청할 근거를 마련할 수 있다.[41] 이처럼 연결이론은 현대사회의 여러 복잡한 문제를 이해하고 해결하는 데 유용하게 적용될 수 있다.

이제 보다 구체적으로 우리가 일상에서 접하는 문제에서 논해 보겠다.

첫째, 환경 문제와 기후 변화 문제를 논해 보자. 환경 문제는 단순히 개별 국가나 지역의 문제가 아니라, 전 지구적인 연결의 문제이다. 기후 변화는 인간의 활동(산업화, 에너지 소비, 삼림 파괴 등), 사회적 구조(정책, 경제 시스템), 그리고 자연환경(대기, 해양, 생태계) 간의 복잡한 상호작용을 통해 발생한다. 이처럼 모든 요소가 서로 밀접하게 연결되어 있기에, 어느 한 부분만의 변화로는 전체적인 문제를 해결할 수 없다.[42]

---

[41] A. Quan-Haase and B. Wellman, "How does the Internet Affect Social Capital", 2002, in Marleen Huysman and Volker Wulf, (eds.), IT and Social Capital, Boston: MIT press, 2024, pp.1-14; B. Wellman, A. Quan-Haase, J. Witte & K. Hampton, "Does the Internet increase, decrease, or supplement social capital?: Social networks, participation, and community commitment", American Behavioral Scientist 45(3), 2001, pp.437-456.

[42] Dugsam Kim, Taesoo Kim, Kyung Ja Lee, "Discussion and Proposal of Alternatives for the Ecological Environment from a Daoist Perspective", religions

둘째, 기업은 협력적 혁신 플랫폼 구축을 통해 연결이론의 장점을 살릴 수 있다. 기업들은 연결이론을 활용하여 내부 및 외부 자원을 통합하는 협력적 혁신 플랫폼을 구축할 수 있다. 예를 들어, 스타트업과의 협업이나 연구기관과의 공동 연구 개발(R&D)을 통해 상호 연결된 생태계를 형성하고, 다양한 관점과 자원을 결합해 혁신을 촉진할 수 있다. 또한, 기업은 데이터 연결망 최적화를 통해 연결이론의 이익을 거둘 수 있다. 연결이론을 바탕으로 데이터 간의 연결성을 분석하여 공급망, 고객 서비스, 마케팅 전략 등을 최적화할 수 있다. 예를 들어, 빅데이터와 AI를 활용해 고객과의 접점을 강화하고, 고객 행동 패턴을 분석하여 맞춤형 서비스를 제공할 수 있다.

셋째, 정부는 연결이론을 이용하여 정부 기관의 협력을 강화할 수 있다. 예를 들어, 보건, 환경, 경제 등 다양한 부처가 서로 연결된 데이터를 기반으로 통합적인 정책을 수립하고, 공통의 목표를 달성할 수 있도록 협력하는 구조를 만들 수 있다. 이를 통해 복잡한 문제에 대해 종합적이고 효과적인 대응이 가능하다. 또한, 스마트시티(Smart City) 구축 사업에도 연결이론을 적용하여 도움을 받을 수 있다.[43] 정부는 연결망 및 초연결망 이론을 바탕으로 스마트시티를 구축할 수 있다. 즉, 교통, 에너지, 환경, 안전 등 다양한 분야에서 데이터를 실시간으로 연계하여 효율적이고 안전한 도시 환경을 조성할 수 있다.

---

[43] 국토교통부에 따르면, 스마트 도시에 대하여 다음처럼 언급하며 기타 여러 나라의 스마트 시티에 대한 정의를 소개하고 있다. "스마트도시에 대한 정의는 국가별 여건에 따라 매우 다양하지만, 공통적으로는 4차 산업혁명 시대의 혁신기술을 활용하여, 시민들의 삶의 질을 높이고, 도시의 지속 가능성을 제고하며, 새로운 산업을 육성하기 위한 플랫폼입니다." 그러면서 동시에 다른 나라의 정의를 소개하고 있다.(https://smartcity.go.kr/%ec%86%8c%ea%b0%9c/) (검색일:24.11.10) 결국 정토통신기술의 발전과 이를 통한 연결이 중심이라 할 수 있다.

넷째, 교육 기관은 연결이론을 바탕으로 전 세계 교육 기관 간의 교류 협력을 강화할 수 있다. 예를 들어, 오프라인 및 온라인 국제 공동 연구 프로그램이나 교환 학생 프로그램을 확대하여 학생들에게 다양한 문화적 배경에서 학습하고 성장할 기회를 제공할 수 있다. 이를 통해 지식과 경험이 연결되고 확장되는 글로벌 학습 네트워크가 형성될 수 있다. 또한, 연결이론을 교육 과정에 반영하여 다양한 융합 교육을 제공할 수 있다. 이는 학생들이 다양한 관점을 접하며 문제를 해결하는 능력을 키울 수 있도록 도울 것이다.

이러한 역할에 있어, 연결이론은 다음과 같은 특징을 갖고 문제 해결에 접근할 수 있다.

첫째, 연결에 기초한 다양한 요소의 상호작용에 대한 이해이다. 연결이론을 적용하면, 우리는 환경 문제의 원인과 결과가 복잡하게 얽혀 있다는 것을 이해하게 된다. 예를 들어, 산업화로 인한 온실가스 배출이 기후 변화를 촉진하고, 이는 다시 생태계의 변화를 초래한다. 이 과정에서 경제, 정치 등의 다양한 요소가 연결되어 문제를 복잡하게 만들고 있음을, 연결이론에 대한 이해를 통해 자각할 수 있다. 특히, 연결이론을 통해 복잡한 상호작용을 체계적으로 분석하고 이해함으로써, 문제 해결의 출발점과 목표를 명확히 할 수 있다.

둘째, 연결에 기초한 통합적이고 입체적인 접근법의 제안이다. 앞서 입체적 접근법을 간략히 언급했기에 여기서는 통합적 접근법을 논하겠다. 연결이론은 문제 해결을 위해 단순히 한 가지 접근법에만 의존하지 않고, 다양한 분야와 관점을 통합하는 방식의 접근을 유도한다. 예를 들어, 기후 변화 문제를 해결하기 위해서는 환경 과학뿐만 아니라 경제, 정치, 사회적 인식 전환 등 여러 요소가 동시에 변해야 한다. 이때 연결이론은 이러한 요소들을 서로 연계 지어, 궁극적으로 입체적이고 통합적인 해결책을 모색할 수 있게끔 작용할 수 있다.

셋째, 연결에 기초한 협력과 네트워크의 구축이다. 연결이론은 문제 해결을 위해 다양한 주체들(정부, 기업, 시민사회, 학계 등)이 서로 협력하고 통합적 네트워크를 형성할 필요성을 제안한다. 각 주체가 각각의 역할을 충실히 하면서도, 서로 유기적으로 연결되어 협력할 때 비로소 복잡한 문제를 해결할 수 있다. 예를 들어, 정부가 친환경 정책을 시행하고, 기업이 지속 가능한 경영을 추구하며, 시민들이 환경 보호에 대한 인식을 높이는 것들이 상호 연결될 때, 기후 문제를 보다 효과적으로 해결할 수 있다.

이처럼 연결을 기초로 한 유기적 논의를 통해 도출된 연결이론은 현대사회의 복잡한 문제를 다각적으로 이해하고, 통합적이고 협력적인 접근 방식으로 해결할 방법을 제공한다. 특히 환경 문제와 같은 세계적 이슈는 다양한 요소들이 서로 긴밀하게 연결되기 때문에, 공통의 관심과 이해에 기초한 연결이론을 통해 문제의 본질을 이해하고, 다층적인 해결책을 모색하는 것이 중요하다. 대상은 확장된다. 연결이론은 빈곤, 교육, 건강 등 다양한 사회적 문제에 적용될 수 있으며, 우리 사회가 당면한 여러 도전에 대해 새로운 해결책을 제시할 수 있다.

지난 과거를 되돌아보면, 연결이론의 필요성이 절실했던 때가 있었다. 글로벌 팬데믹의 경우, 국가 간 협력이 각국의 보건 시스템, 경제, 그리고 사회 구조 간의 연결성을 극대화하는 방식으로 이루어졌다. 팬데믹 동안 각국은 방역 정보 교환, 치료제 및 백신 개발, 의료 자원 공유, 국경을 넘나드는 필수품 공급망 유지 등을 통해 서로 연결됐다. 이를 통해 우리는 국가 간 연결망이 복잡한 문제 해결에 어떻게 도움이 되는지를 확인했고, 보다 체계적이고 전문적인 연결이론의 필요성을 깨달았다.

예를 들어, 기후 위기에서 네트워크 분석을 통한 해결을 거론할 수 있다. 단일 국가가 독립적으로 해결할 수 없는 글로벌 문제에 대한 해결책으로서, 연결의 중요성을 보여준다. 구체적으로 유엔환경계획(UNEF)·미국항공우주국(NASA)·세계기상기구(WMO) 등이 「2022 오존층 감소에 대한 과학적 평가」라는 공동보고서를 발표했다. 여기서 오존층 파괴에 대한 경고 이후, 각국이 오존 파괴 물질을 단계적으로 퇴출하며 오존층이 줄었다고 밝혔다.[44] 또한, 비행기가 발명되고 항공기 사고가 이어지자, 사람들은 두뇌와 힘을 모았다. 사고 정보를 공유하며 안전성을 강화할 수 있도록 1944년 시카고에서 합의하여 부속 조항 13(Annex 13)도 만들었다. 이후 항공기 사고는 감소했다.[45]

같은 이유로 샌델(Sandel)이 『공정하다는 착각』에서 능력주의를 비판한 것도 연결이론의 관점에 시사하는 바가 크다.[46] 샌델은 연결되어 존재하는 공동체에서, 승자만이 존재하는 과도한 능력주의를 비판한다. 이는 공동체 전체의 존재를 위협하기 때문이다. 같은 맥락에서 효율성만 추구하는 현대의 경제학은 사회적 행복(Social Wellbeing)을 염두에 두지 않는다. 그래서 앵거스 디턴은 현대 주류 경제학의 핵심 문제 중 하나는 그 범위와 주제의 한계성이고, 인류 복지 연구라는 기반에서 떨어져 나갔음을 비판한 바 있다.[47] 소수의 행복과 다

---

44 정은혜, 「인류가 손잡으니 되는구나…오존층 구멍 점점 작아진다」, 『중앙일보』, 2023.01.11.
45 김덕삼, 앞의 책, 109쪽.
46 마이클 샌델 저, 함규진 역, 『공정하다는 착각, 능력주의는 모두에게 같은 기회를 제공하는가』, 와이즈베리, 2020, 1-420쪽.
47 앵거스 디턴 저, 안현실, 정성철 역, 『좋은 경제학 나쁜 경제학』, 한국경제신문, 2024, 1-336쪽.

수의 희생 구조로는 공멸밖에 남는 것이 없다. 공동체의 연결에 대한 인식과 이를 기초로 한 행동이 필요하다. '식인 자본주의(cannibal capitalism)'가 우리를 뒤덮은 현실에서, 연결되어 존재하는 공동체에 대한 연결에 대한 인식과 실천은 그래서 더욱 중요한 숙제로 남는다.[48]

5. 이론의 정립과 실천적 과제

본고에서 시도한 것처럼, 연결에 대한 인식 개선과 종합적이고 체계적인 연구에 대한 요청이 곳곳에서 확인되는 오늘, 각 분야에서 다루는 담론을 이론적으로 발전시켜 체계화할 필요가 있다. 글을 정리하며, 연결이론과 관련하여 현대사회의 특징, 연결 인식이 강조되어야 할 이유, 끝으로 연결을 이용한 현실적 해결 방안을 논해 보겠다.

첫째, 현대사회의 특징에 대한 필요성 자각이다. 당면한 여러 위기에 나타난 연계적 특징으로 볼 때, 연결이론에 기초한 대처가 요구된다. 현재 우리는 개별적 위기에서 공동체 전체의 위기로 연결된 세상에서 살고 있다. 개별적 위기가 연계되어 파괴력을 키운 거대한 위기는 인류 공동체를 위협한다. 인류 공동체는 서로 조밀하게 연계되어

---

[48] 낸시 프레이저가 언급해서 주목을 받았다(낸시 프레이저 저, 장석준 역, 『좌파의 길: 식인 자본주의에 반대한다』, 서해문집, 2023, 1-336쪽). 자본주의의 속성에는 파괴적 요소가 있고, 낸시 프레이저는 이를 '식인'으로 강조했다. 이러한 자본주의를 방치해서는 안 된다고 주장했다.

있기에 거대한 위기를 개별적 힘으로 막기 어렵다. 환경과 생태 문제에서 환경 정의론을 주장하는 것도, 결국 인류가 하나의 지구에 함께 연결되어 존재하기 때문이고, 위기는 결국 모두에게 돌아가기 때문이다.[49] 이러한 상황에서 개별적 사고가 아닌, 연계적 사고, 연결에 대한 총체적 이해와 접근이 필요하다. 그러므로 주관적이고 파편화된 생각에서 벗어나 세상에 미칠 연결의 영향을 알고 그 방안을 구체적으로 논해야 한다.

둘째, 연결에 대한 인식이 보다 강조되어야 한다. 인류가 알고 있는 우주의 다른 어떤 존재보다 인류가 가치가 있고 존엄하다는 근거로서, 인류가 갖는 '연결'의 특징을 들 수 있다. 그래서 "인류의 가장 결정적인 특징은 문화의 도움을 받아 전세계적으로 오랜 시간에 걸쳐 이뤄진 사람 간의 거대한 연결성과 협력"[50]으로 볼 수 있다. 그러므로 이처럼 인류를 존재케 하는 힘으로서의 '연결'을 강조하는 것은 당연하다. 나아가 "우리가 개인주의적 생각과 원자론적 생각에 갇히면 끔찍한 결과가 발생하는 만큼"[51] 연결이론을 함께 모색하는 이유도 자명하다. 우린 연결되어 존재하기 때문이다.

셋째, 현대사회 문제의 해결 방안에서다. 결국, 연결의 문제는 연결로 풀어야 한다.[52] 앞서 언급했듯이 연결을 통해 슬기롭게 인류의 문제를 해결했던 과거의 사례처럼, 인간의 탐욕이 연결과 만나 발생한

49　Dugsam Kim; Taesoo Kim; Kyung Ja Lee, "Discussion and Proposal of Alternatives for the Ecological Environment from a Daoist Perspective", religions, 2024, 1-18쪽.
50　톰 올리버, 앞의 책, 283쪽.
51　톰 올리버, 앞의 책, 17쪽.
52　Dugsam Kim; Taesoo Kim, "Applying Daoist Thoughts of Interconnectedness to Disaster Communities: Through the Lenses of Diaspora and Pluralism", religions, 2024, 1-17쪽.

문제는 결국 연결로 해결해야 한다. 이러한 예는 차고도 넘친다. 예를 들어, 다이아몬드(Diamond)는 인간에 내재한 파괴 본능에 주목하며, 인류에 내재한 야수적 본능을 지적했다. 그러면서 한국과 일본의 반목과 대립을 논하며, 근대의 아픈 역사가 있지만, 한국과 일본이 힘을 합하여 잘 살기를 희망했다.[53] 그리고 그 실천적 근거로서 한국과 일본에게 다음과 같은 일침을 놓는다. 결국, 연결이다. "한국인과 일본인은 수긍하기 힘들겠지만, 그들은 성장기를 함께 보낸 쌍둥이 형제와도 같다. 동아시아의 정치적 미래는 양국이 고대에 쌓았던 유대를 성공적으로 재발견할 수 있는가에 달려 있다 해도 과언이 아니다."[54] 조상대로 거슬러 올라가면 피를 나눈 형제라는 것이다. 혈연이다. 피로 연결되어 있으니, 때론 다투고 싸워도 종국에는 힘을 합하여야만 한다는 조언이다. 인간 세상에는 혈연, 지연, 학연처럼 다양한 연결의 형태가 존재한다. 연결의 부정적인 측면은 개선하고, 연결의 장점은 살리면서 인류 앞에 놓인 '회색 코뿔소'의 경고를 대처해야 할 것이다.

지금까지 고찰한 바와 같이, 바람직한 연결이론의 모색과 정립은 우리 삶의 다양한 영역에서 중요한 역할을 할 수 있다. 세상은 서로 연결되어 있으며, 이 연결이 세상을 변화시키기 때문이다. 이제 이러한 연결과 연결이론을 분석하고 발전시킴으로써, 우리는 보다 나은 결정을 내리고, 사회를 잘 관리하며, 자연과 더불어 공존할 좋은 방향으로 나아갈 수 있다. 연결이론은 현상의 분석을 위한 도구일 뿐만 아니라, 우리 삶에 대한 새로운 시각을 제공한다. 모든 것은 연결되어 있고, 그 연결을 통해 우리는 세상을 더 깊이 이해할 수 있다.

---

53 재레드 다이아몬드 저, 김진준 역, 『총, 균, 쇠』, 문학사상사, 2011, 625-654쪽.
54 재레드 다이아몬드, 위의 책, 654쪽.

참고문헌

김덕삼, 「時間과 空間의 境界를 넘어서 思考하기 - 戰國七雄과 G7을 중심으로」, 『동아시아고대학』45. 동아시아고대학회, 2017.
─────, 「재난공동체와 영성 교육」, 『한국학연구』85, 고려대학교 한국학연구소, 2023.
─────, 「열린 공동체를 위한 포용 정책」, 『동아시아고대학』70. 동아시아고대학회, 2023.
─────, 「변화의 시대, 인문학적 변화 연구와 방법에 대한 고찰」, 『대순사상논총』49, 대순사상학술원, 2024.
김덕삼·이경자, 「공동체에서 인간과 인공물의 연결에 대한 검토와 제안: 도교적 이론과 사례를 참고하여」, 『가족과 커뮤니티』9, 인문학연구원, 2024.
김덕삼·이경자, 「인간과 AI의 진화 그리고 연결에 대한 성찰」, 『지식융합연구』7(1), 글로벌지식융합학회, 2024.
김덕삼·이경자, 「인문학적 변화 연구의 제안」, 『지식융합연구』5(1), 글로벌지식융합학회, 2022.
김용석, 「'자기'의 지시의존에 관하여: 결속이론 대 연결이론」, 『언어』12(2), 1987.
김효재, 「복잡계이론에 의한 종합병원 외래진료부 공간구성체계에 관한 연구」, 홍익대학교 학위논문(박사), 2020.
이경자, 「『변화와 장의 탐구』에 대한 비판적 이해와 기대」, 『가설과상상』9, 가설과 상상 연구소, 2024.
장영창·김덕삼, 「빅데이터를 기반으로 한 『전경(典經)』 연구」, 『대순사상논총』50, 대순사상학술원, 2024.
강남순, 『코즈모폴리터니즘이란 무엇인가』, 파주: 동녘, 2022.
김덕삼, 『변화와 장의 탐구: 중국의 사람·사회·문화를 중심으로』, 파주: 한국학술정보, 2022.
김덕삼 외, 『장소철학 1』, 파주: 서광사, 2020.
낸시 프레이저, 장석준 역, 『좌파의 길: 식인 자본주의에 반대한다』, 파주: 서해문집, 2023.
대런 바일러, 홍명교 역, 『신장 위구르 디스토피아』, 서울: 생각의 힘, 2022.
마스터니 후미오, 이원섭 역, 『불교개론』, 서울: 현암사, 2022.
마이클 샌델, 함규진 역, 『공정하다는 착각, 능력주의는 모두에게 같은 기회를 제공하는가』, 서울: 와이즈베리, 2022.
마크 뷰캐넌, 김희봉 역, 『사회적 원자』, 서울: 사이언스북스, 2014.
앵거스 디턴, 안현실, 정성철 역, 『좋은 경제학 나쁜 경제학』, 서울: 한국경제신문, 2024.
재레드 다이아몬드, 김진준 역, 『총, 균, 쇠』, 서울: 문학사상사, 2011.
카렌 암스트롱, 정영목 역, 『축의 시대』, 서울: 교양인, 2010.
커트 스테이저, 김학영 역, 『원자, 인간을 완성하다』, 서울: 반니, 2014.
토비 오드, 하인해 역, 『벼랑세, 인류의 존재 위험과 미래, 사피엔스의 멸망』, 서울: 로크 미디어, 2021.

톰 올리버, 권은현 역, 『우리는 연결되어 있다』, 서울: 로크미디어, 2022.
피에르 부르디외. 로익 바캉, 이상길 역, 『성찰적 사회학으로의 초대 (부르디외 사유의 지평)』, 서울: 그린비, 2015.
국토교통부, '스마트시티', https://smartcity.go.kr/%ec%86%8c%ea%b0%9c/(검색일:24.11.10)
『시사경제용어사전』, '죄수의 딜레마'
https://www.moef.go.kr/sisa/dictionary/detail?idx=774 (검색일:2024.09.27)
정은혜, '인류가 손잡으니 되는구나…오존층 구멍 점점 작아진다', 『중앙일보』, 2023.01.11.
학술에세이 '인문학적 변화의 탐구', 『대학지성 In&Out』,

Dugsam Kim, Taesoo Kim, Kyung Ja Lee, "Discussion and Proposal of Alternatives for the Ecological Environment from a Daoist Perspective", religions 15(2), 2024.
Dugsam Kim; Taesoo Kim, "Applying Daoist Thoughts of Interconnectedness to Disaster Communities: Through the Lenses of Diaspora and Pluralism", religions15(987), 2024.
Quan-Haase, A. and Wellman, B., "How does the Internet Affect Social Capital", 2002, in Marleen Huysman and Volker Wulf, (eds.), IT and Social Capital, Boston: MIT press, 2024.
Wellman, B., Quan-Haase, A., Witte, J., & Hampton, K.. Does the Internet increase, decrease, or supplement social capital? Social networks, participation, and community commitment. American Behavioral Scientist, 45(3), 2001.
'Assutavā Sutta: Uninstructed (1)', Access to Insight (BCBS Edition), Translated by Thanissaro Bhikkhu. 30 (Samyutta Nikaya 12.61), PTS: S ii 94, CDB i 595, 2005,
https://www.joongang.co.kr/article/25132653(검색일:2024.10.17)
https://www.unipress.co.kr/news/articleView.html?idxno=8617(검색일:2024.10.17)
https://www.accesstoinsight.org/tipitaka/sn/sn12/sn12.061.than.html(검색일: 2024.11.13).

초연결사회와 AI: 진화와 공존의 패러다임

김덕삼, 이경자

* 이 글은 2024년 6월 『지식융합연구』(글로벌지식융합학회) 7권 1호에 실린 글을 수정한 것이다.

1. 기술과 변화

　기술의 발전은 공간을 확장한다. 공간의 확장은 연결을 확대하고, 연결을 깨닫게 한다. 일반적으로 알려진 것처럼, 문화를 만들고 사회를 변화시키는 것으로 '언어, 사회관계, 물질, 기술, 가치' 등이 있다. 이 가운데 기술의 발전은 사회의 가치관 자체를 변화시키며 그 영향력을 확장한다. 예를 들어 냉장고의 발명은 거주지의 확장을 가져왔고, 교통수단의 발달은 여성의 자유와 사회적 지위에 변화를 직간접적으로 주며 인류 공동체의 변화를 이끌었다.

　최근 이러한 변화의 주역인 IT(정보기술, Information·Technology), BT(생명공학기술, Bio Technology), NT(나노기술, Nano Technology), ST(우주항공기술, Space Technology) 등의 변화 속도는 가히 놀랄만하다.

　기술의 발전은 사회 문제 해결에도 도움을 준다. 예를 들면 자율주행 자동차와 관련하여 거론된 '트롤리 딜레마(Trolley Dilemma)'도 기술의 발전으로 극복할 수 있다. 이 문제를 엄밀히 보면, 기차를 어느 방향으로 조종하는 것이 옳은지 판단하는 것은 인간도 어렵다. 가치가 엇갈리는 문제에서는 의견을 모으기 더욱 어렵고, 그것도 짧은 순간에 판단하기는 불가능에 가깝다. 이는 지금 벌어지는 사회적 갈등을 애써 거론하지 않아도 짐작할 수 있다. 그렇다면 정답 찾기가 난해한 문제에 매달리기 전에, 기술의 발전에 기대는 게 오히려 확실하고 빠를 수 있다.

　어쩌면 기술의 문제가 아닌 인간의 문제로 트롤리 딜레마를 논한다면 얘기는 복잡해진다. 현실의 인간은 위기 상황에서 제대로 판단하지도 못하고, 오히려 음주나 졸음운전으로 더 큰 실수를 저지르는 문제라는 사실 때문이다. 물론 인류는 자신의 잘못을 다양한 핑계로 감추는 습속이 있다. 반면에 자율주행 자동차가 일으킨 사건은 변명의 여지도 없이, 조그만 사건도 큰 관심거리가 되어 비판을 받는다. 하지만 이도 머지않아 변할 것이다.

당연하다. 변화가 달라졌다. 기술의 변화는 사회와 가치관의 변화를 일으키며, 장을 변화시킨다. 달라진 장에서는 대응하는 방식이나 해결하는 방식이 달라진다. 달라진 장에서는 장을 지배하는 규칙이나 가치가 달라진다. 수영장에서의 규칙과 볼링장에서의 규칙이 다르고, 조선 시대 열녀문이 칭송받던 장과 여성의 인권이 보장받아야 하는 오늘의 장은 다르다. 그 장 속의 사람들은 그 장의 규칙에 맞춰 움직이고 행동한다.

시간과 공간의 거리를 두고 객관적으로 관찰하면, 지나온 인류의 역사에는 이상하게 보이는 일들이 많다. 이러한 변화 속에 기술의 발달은 국가와 국가를 더욱 가깝게 만들었다. 그리고 그 과정에서 각자 고유하게 지키던 것이 와해되는 과정을 거쳤다. 물론 앞서 언급한 것과 같은 맥락에서 기술의 발전은 장의 변화를 가져오며, 변화 양식 자체를 바꾼다. 예를 들어 번역기의 발전은 새로운 변화를 초래한다.[1] 이것이 가능하다면, 이제 각자의 언어를 사용하면서 소통이 가능한, 바벨탑의 염원을 넘어선 세상이 도래할 것이다. 물론 시작은 미약하

---

[1] 번역기의 발전이 눈부시다. 여기에 AI까지 연동되어 진행하는 번역 서비스는 이미 평범한 사람의 수준을 넘었다. 특히 주목할만한 사건은 삼성전자가 2024년 초에 출시한 S24 스마트폰이다. 여기에는 '온디바이스 인공지능(AI)'이 탑재되어 실시간 통역이 가능하다('한국말로 안부 물었는데 "오겡끼데스까?"…갤S24 라이브 통역 써보니, 경향신문, https://www.khan.co.kr/it/mobile/article/202401241650001(2024년 1월 24일 검색).

겠지만, 그 변화 속도가 빠르기에 만족도 또한 점차 높아질 것이고, 그 양상은 대학 강의실에서 진행하는 교양 외국어 수업의 변화부터 다양한 양상으로 전개될 것이다.[2]

라이트 형제는 새의 날개를 이용하여 하늘을 날려고 했던 기존의 방식에서 벗어나 새와 다른 방식으로 하늘을 날았다. 나아가 이제는 새와 다른 방식으로 더 빨리, 더 높이, 더 멀리, 더 오래 날 수 있고, 이젠 또 다른 방식으로 우주를 여행하고 있다.[3] 그리고 앞으로도 변화가 불러올 장은 과거에는 생각하지도 못한 새로운 방식으로 펼쳐질 것이다.

그런데 한 가지, 기존의 변화와 다른 변화가 지금 진행되고 있다. 변화의 속도와 영향이 전면적으로 진행되는 것은 정도의 차이만 있지, 과거와 마찬가지이다. 어떠한 변화든 당시에 그 변화를 맞이한 입장에서는 변화가 전면적이고 빠르게 느껴졌다. 하지만 지금의 변화는 이런 것과 차원을 달리하는 '낯선 변화'다.

지금의 변화가 낯선 것은 과거와 다르게 인간의 한계를 넘어선다는 점에 있다. 물론 산업혁명의 변화는 인간의 육체적 한계를 넘어섰다. 산업혁명의 변화는 지구상의 다른 생명체나 인간이 이용하는 가축을 대신했다. 하지만 지금의 변화는 인간이 자랑스럽게 여기는 '생각함'을 위협하고, 기억과 연산 능력을 넘어 인간만이 가졌다는 창조 능력을 의심하게 한다. 그래서 낯설다.

---

[2] 머니투데이, 2024.04.19, 13면, "관광객 필수코스 올영, 휴대용 번역기 도입". 외국 관광객이 많이 찾는 CJ올리브영은 16개 언어로 실시간 통역이 가능한 휴대용 번역기를 전국매장에 설치했다. 머니투데이, 2024.04.24, 13면, "'AI통역·멤버십 도입'외국인 모시는 百-잠실롯데에 13개국 번역솔루션", 하루가 다르게 번역기 도입이 확산되고 있다.
[3] 달의 여신 항아(姮娥)가 사는 달나라 뒷면까지, 인류 최초로 중국 달 탐사선 항아 4호가 갔다.

본고에서는 인류에게 발생한 이러한 변화에 주목하여 인류가 어떻게 대처하고, 어떤 식으로 발전해야 하는지 탐구하고자 한다. 이러한 배경에서 본고는 '인간', 'AI의 진화', 그리고 '연결에 대한 성찰'에 집중한다. 본 연구는 그동안 인간을 중심으로 가졌던 생각과 인간이 만든 기술로 인한 변화를 추적하고, 그 가운데 인간의 가치를 위협하는 'AI의 진화'에 주목한다. 이를 통해 인간의 한계를 탐구하고, 이를 기초로 '연결'의 가치를 논하며, 연결을 통한 공존과 창조를 다루고자 한다. 특히, 인간과 AI의 연결, 인간과 인간의 연결을 살펴보고, 지금 인류가 직면한 낯선 변화의 극복 방법을 찾아보고자 한다.

2. 낯 설은 변화

20세기 초 베르그송(Henri Bergson)은 철학에서 결핍된 것으로 정확성(正確性)을 말했다. 정확성의 결여로 철학은 사람들의 관심을 받지 못하고 대중들에게서 멀어졌다. 철학의 여러 체계(體系)가 현실에 꼭 맞게 재단되지 않았고, 현실보다 더 크게 재단되었다고 그는 생각했다.[4]

지금 이러한 지적이 틀리지 않았음을 학문의 전당인 대학에서 확인할 수 있다. 철학을 비롯한 전통적인 인문학 전공이 실용적이고 현실적이고 정확성으로 무장한 전공에게 밀려 사라졌다. 물론 인문학이

---
4 앙리 베르그송 저, 이광래 옮김, 『사유와 운동』, 문예출판사, 1993, 9쪽.

나 철학이 중요하지 않다는 것은 아니다. 다만 최근의 인문학은 대중들의 관심과 현실의 요구에서 너무 멀리 떨어져 있었다. 그리고 그것은 베르그송의 지적처럼 정확성의 결여를 지닌 모습을 하고 자신들의 세계를 구축하며 그 속에서 지냈다. 베르그송이 살았던 당시에는 그나마 인문학과 철학이 가치와 영향력을 발휘하고 있었다. 하지만 지금은 아니다. 아날로그를 디지털로 전환하는 오늘날, 아날로그식 인간의 습속은 어려움에 직면해 있다.

앞서 언급한 바와 같이, 지금의 변화가 가진 가장 낯선 특징은 인간의 지적(知的) 한계를 넘어서고 있다는 점이다. 『제2의 기계 시대(인간과 기계의 공생이 시작된다)』에서는 우리 사회가 변화에 무감각해지는 때를 2006년으로 잡았다. 우리도 느끼지만, 변화가 어느 수준을 넘어서면 변화의 속도를 느끼기 어렵다.[5] 기술의 발전은 기하급수적으로 빨라지고, 이는 변곡점을 넘어, 인간이 가늠할 수 없는 영역으로 넘어가 진행된다.

과거의 변화와 그 속에서의 경험이 앞으로 일어날 일에 대하여 신뢰할 만한 안내를 해주던 기존의 방식과 다르게 오늘의 변화는 진행되고 있다. 지금의 변화는 과거와 다른 미지의 세계를 향한 변화 형태를 지니고 있다.[6] 문화지체현상, 아노미(anomie)를 넘어선 변화가 우릴 감싸고 있다. 이러한 변화 속에 인류에게 낯선 변화를 느끼게 하는 것에 인류가 만든 인공지능(人工知能) AI(Artificial Intelligence)가 있다.

---

5 에릭 브린욜프슨, 앤드루 맥아피 저, 이한음 역, 『제2의 기계 시대 (인간과 기계의 공생이 시작된다)』, 청림출판, 2014, 64-66쪽.
6 게다가 변화가 오류를 제거하고 올바른 지식만으로 일어나는 것은 아니다. 이에 대한 폐해도 크다(새뮤얼 아브스만 저, 이창희 옮김, 『지식의 반감기』, 책읽는 수요일, 2014, 113-156쪽). 책에서는 지식의 수명, 변화의 패턴 등에 대해 설명하고 있다.

AI는 그동안 인류가 다른 사물에 가졌던 우월함, 즉 '생각함'에 대한 믿음을 위협했다. 인간이 생각한다는 것이 도대체 무엇인지 다시 되돌아보게 했고, 그 속에서 인간만의 차별성과 정체성을 찾도록 요구했다. 그러나 대답은 요원하고, AI는 '생각함'의 다양한 하위 양상에서 부분적으로 인간을 추월하고 있다. 연산 능력, 외국어 학습 능력, 외국어 구사 능력과 가짓수, 심지어 그림으로 인식하여 판단하는 능력 등 한 명의 인간이 감당하기 불가능한 능력을 지닌 AI는 가파르게 발전하고 있다. 마치 산업혁명 이후 출현했던 기계가 엄청난 힘으로 인간의 육체적 능력을 초월한 것과 흡사하다.

이미 AI 스스로가 알고리즘을 설계하는 장이 펼쳐졌고, 생성형 인공지능인 ChatGPT의 능력에 사람들은 놀라고 있다. GPT-3와 GPT-4로 이어지는 발전에 사람들은 급기야 AI 개발의 중지를 요구하고 있다.[7] GPT-4에 대해서는 기존과 달리, 인공 일반 지능인 AGI(Artificial General Intelligence) 시대가 시작되었다고 말하기도 한다. AGI는 모든 상황에 널리 사용될 수 있는 AI의 탄생을 말한다.[8] 이때부터 인공지능 특이점이 시작될 가능성이 크다.

---

[7] 2023년 11월 1일 영국 블레츨리 파크(Bletchley Park)에서 인공지능 분야에서 치열하게 경쟁을 하고 있는 미국과 중국을 비롯하여 28개국 정상 및 고위 관계자와 글로벌 빅테크 기업 대표들이 참석한 제1회 '인공지능 안전 정상회의(AI Safety Summit)'가 개최되었다. "인간 중심적이고, 신뢰할 수 있으며, 책임감 있는 AI 기술 보장을 위해 포용적인 방식으로 협력한다"는 블레츨리 공동선언에 합의하였다. (윤정현, '인공지능 안전에 관한 블레츨리 정상회의의 의미와 시사점', 이슈브리프 493호, 국가안보전략연구원, 2023.12.6. 1-10쪽.) 2차 회의는 2024년 5월 한국에서 'AI 서울 정상회의'로 열렸다.
[8] AI Times(2023.05.18.), '범용인공지능(AGI)의공포', https://www.aitimes.com/news/articleView.html?idxno=151182. 여기서 한발 더 나아가 머스크는 "AGI(범용인공지능)를 가장 똑똑한 인간보다 더 똑똑한 AI로 정의한다면 아마도 내년에, 예를 들어 2년 이내에 가능할 것"이라고 말했다.(머스크 "인간 능가하는 범용 AI, 내년에 나올 수도", 경향신문, 2024.4.9. 기사. https://m.khan.co.kr/world/america/article/202404092156015#c2b)

그러므로 준비가 제대로 안 된 상태에서는 AI가 인류를 위협할 수도 있기에,[9] 잠시 개발을 멈추거나, 약인공지능으로 특정한 조건에서만 사용하도록 개발하자는 주장이 나오는 것이다. 적어도 인간의 기본권을 지키기 위한 수위 조절이 필요한 시점이다.[10]

인간의 능력과 인류의 미래에 대한 인공지능의 위협이 매우 현실적으로 논의되고 있다. 과거에 보기 힘든 일이 펼쳐지고 있다. 물론 이러한 위협까지는 아니어도, 근대 이후 인간에 대한 강한 신뢰와 인간중심주의적 사고는 조금씩 깨어졌다.

과학의 발달로 알게 된 다른 존재에 대한 이해, 우주와 지구에 대한 파악 등은 인간의 한계를 깨닫게 했다. 138억 년의 우주, 46억 년의 지구, 거기에서 진화를 거쳐 나름 유의미한 존재로 보낸 시간이 몇천 년에 불과한 동물이 인간임을 알았기 때문이다. 과학으로 밝힌 우주의 상황에서 인간은 매우 미약하고, 인간의 행동과 생각은 제한적일 수밖에 없다.

지금의 변화는 인류가 스스로 만족하며 가졌던, 인간은 숭고한 존재라는 자신만의 믿음을 흔들어 놓았다. 동물과 비교해서는 그저 영리한 동물에 지나지 않고, AI에 비해서는 멍청한 동물에 불과할 수 있다는 위협이 조금씩 나타나기 시작했다.

---

[9] DNA 가닥을 마음대로 합성해 생명체의 유전자를 원하는 대로 조작할 수 있는 DNA 신시사이저는 AI 덕분에 이미 싼 값에 시장에 나오고 있다. 생명을 재단하는 유전자가위인 크리스퍼나 DNA·효소·단백질 등 생체 고분자를 찍어내는 DNA 프린터는 AI에 힘입어 합성생물학이라는 새로운 영역을 개척하고 있다. 자율성이 있는 AI가 어디로 튈지는 미지수다. 불확실성의 세계가 펼쳐졌다(중앙SUNDAY(2024.01.20-21, 20면, '희망과 두려움 교차하는 AI거대 물결').

[10] 이러한 맥락에서 2024년 3월 13일, 세계 최초로 유럽의회가 인공지능법을 통과시켰다. 인공지능의 위험을 4단계로 범주화하고, 올바르지 못한 기술의 사용을 통제하며, 학습데이터의 공개를 내용으로 한다.

니체(Friedrich Wilhelm Nietzsche)의 경우, 인간은 사실상 동물에 불과하다고 생각했다. 그래서 인간의 사고를 규정짓는 것은 이성이 아니라 충동과 본능, 원초적 의지와 한계를 지닌 인식능력이라는 점을 주장했다.[11]

기존의 인간에 대한 성찰과 비판을 넘어, 지금의 변화는 다르다. 인간이 만든 AI 같은 인공물의 능력이 인간을 추월하는 변곡점을 지나고 있기 때문이다. 인간과 인간의 '관계'뿐만 아니라, 인간과 AI 같은 인공물의 '관계'가 만든 변화는 인간의 존재를 위협하고, 미약하게 만들었다. '낯선 변화'의 서막이 올랐다.

3. 인간의 한계와 연결의 양상

인간의 한계

그동안 애써 외면해 왔지만, 인간의 한계는 곳곳에서 명확하게 드러나고 있다. 예를 들어 다음과 같은 사건이 있었다. 1966년 7월 31일 저녁에 25세의 찰스 휘트먼(Charles Whitman)은 부인과 모친을 죽이고, 텍사스 대학교 탑에 올라가 총기를 난사하며 추가로 16명을 살해했다. 끔찍한 일을 저질렀던 그도 현장에서 사망했다. 사람들은 평범했던 그가 사랑하는 아내와 어머니까지 죽일 것이라고 상상조차 할 수 없었다. 사건이 발생하기 오래전부터, 휘트먼은 자신의 행동이 이

---
11 리하르트 다비트 프레히트 저, 백종유 역, 『나는 누구인가』, 21세기북스, 2008, 34쪽.

상하다는 것을 인지하고 있었다. 두통과 폭력적인 생각이 자주 생겼기 때문이다. 그는 자신의 뇌에 문제가 있는지 부검해달라고 했다. 그가 현장에서 사망했기에 부검이 가능했다. 그가 살아서 재판을 받았더라면 아마 그는 최고의 형벌을 받았을 것이다. 부검 후 휘트먼의 머리에는 뇌종양이 있었고, 종양은 공포와 폭력성을 관장하는 뇌 회로 부분인 편도체를 누르고 있었음이 밝혀졌다.[12]

그나마 휘트먼은 부검을 통해, 그의 비정상적 행동의 원인을 알 수 있었다. 하지만 이상한 행동을 저지른 모든 사람을 부검할 수 없다. 그렇다면 그들도 뇌에 이상이 있는 것은 아닐까? 인간은 얼마나 불완전한가?

시간적으로도 인류가 인간의 뇌에 대하여 알기 시작한 것은 불과 120~130여 년 정도밖에 되지 않았고, 알고 있는 것도 아직 초보적 수준에 지나지 않는다. 인간의 뇌를 차지하고 있는 신경세포인 뉴런은 약 1000분의 5초의 재설정 시간이 필요하다. 그러므로 1초에 200번 정도의 연산만 가능하다. 이러한 것으로 미루어보면, 인간은 발달한 컴퓨터에 비할 바가 안 되는 매우 낮은 수준의 연산능력을 갖고 있다.[13]

물론 이에 대하여, 인간은 이러한 논리적 정보처리방식보다, 패턴인식이 뛰어나다고 말할 수도 있다. 그러나 이도 시간의 문제에 불과함을 최근 과학기술의 발달에서 어렵지 않게 깨달을 수 있다.

---

[12] 많은 의료 사례를 보면, 뇌종양이 폭력성이나 변태성욕을 유발할 수 있음을 알 수 있다(톰 올리버 저, 권은현 역, 『우리는 연결되어 있다』, 브론스테인, 2022, 197-198쪽).
[13] 이에 대한 다른 방식의 계산도 있다. "우리의 뇌로 들어오는 시각 정보는 1초당 11메가바이트에 달할 정도지만, 우리가 정말 '보는'것은 고작 1초당 60비트 정도에 지나지 않으며, 오직 그 정도의 분량만이 우리의 뇌로 '업로드'된다."(토드 로즈 저, 노정태 역, 『집단착각』, 21세기북스, 2023, 238쪽).

지금도 인간의 생각이나 마음을 대단한 그 무엇으로 생각하는 사람들이 있지만, 결국 뇌에서 벌어지는 일에 불과하고, 그 뇌는 휘트먼의 경우처럼 끔찍한 사건을 불러일으킬 정도로 불완전하다.[14]

지금 우리가 갖는 판단은 어떠한가? 많은 경우가 주체인 인간에게 인풋되어 아웃풋으로 나타난 결과에 지나지 않는다. 그래서 한국 사람과 중국 사람의 인풋이 다르기에 서로 다른 아웃풋이 나온다. 세대별로 커피 하면 떠오르는 노래가 다른 것은 '코호트(cohort) 효과'로 설명된다. 60대, 30대, 10대가 커피와 관련한 노래의 인풋이 달랐기 때문이다.[15]

인간은 인간의 정체성을 인간 개인의 고유한 그 무엇으로 생각했다. 그래서 다음과 같은 지적에도 수긍할 수 있다. "그들의 철학은 인간이 동물의 세계로부터 받은 유산을 체계적으로 부정하였다. (중략) 인간과 동물 사이에 건너뛸 수 없을 정도로 큰 도랑을 꾸준하게 파낸 것이다."[16]

근대 이후 서양의 철학과 학문은 인간을 신에게서 분리했다. 하지만, 인간을 다른 동물과 철저하게 분리하며 인간 자신의 우월성을 찾고자 하였다. 급기야 인류가 가진 육체적인 것은 철저하게 이차적인 것으로 평가했다. 물론 이러한 생각이 영원할 수 없다. 시대에 따라

---

[14] 물론 이에 대한 이견은 여전하고, 이론들의 근거는 풍부하다. 인간을 몸과 마음의 결합으로 보면서, 마음이 몸에 의지해서 존재한다는 일원론적 시각과 마음은 몸에 대하여 독자성을 가지면 존재한다는 이원론적 시각이 있다(문석윤, 『동양적 마음의 탄생』, 글항아리, 2014, 38-39쪽). 그러나 마음의 자리는 어디에 있는지, 무엇으로 되어 있는지 등을 묻는 질문에 대하여, 심장(心腸)과 연결하여 답했던 과거보다는 현대 과학이 정교해졌다. 더구나 AI의 연구 속에 인간의 생각, 마음, 사고, 창조 등에 대하여 보다 객관적으로 바라보게 되었다.
[15] 이를 변화와 장으로 보아서, 주체와 장, 인풋과 아웃풋, 변화와 패턴으로 접근하고 있다(김덕삼, 『변화와 장의 탐구-중국의 사람·사회·문화를 중심으로』, 한국학술정보, 2022).
[16] 리하르트 다비트 프레히트 저, 백종유 역, 『나는 누구인가』, 21세기북스, 2008, 35쪽.

변할 수밖에 없다. 그리고 그 속에서 만들어진 인간에 대한 정체성도 바뀐다. 정체성도 장의 영향 속에 만들어지기 때문이다. 그리고 그 장이 바뀌면 정체성도 변한다.

신경과학자 수전 그린필드(Susan Greenfield)는 우리의 정체성을 상태가 아닌 동작으로 보는 게 정확하다고 주장한다. 정체성은 일종의 딱딱한 물체나 우리 머릿속에 갇혀 있는 특징이 아니라, 주관적인 뇌의 상태로 시시각각 바뀔 수 있는 감정이라는 결론을 내렸다.

불교의 무아(無我)와 데이비드 흄(David Hume)의 '다발 이론'에 비추어보면, 진정한 자아라는 근본적인 사물은 없으며, 자아는 끊임없이 변하고 맥락에 의존하는 특징들만 있다.[17]

그동안 인류 스스로가 자신을 존엄하다고 생각하기 위해 가졌던 정체성, 그리고 그 정체성이 타고난 것이라는 믿음도 다음과 같은 실험을 통해 부정되었다. 즉, 어린아이들에게는 다른 사람들도 그들만의 마음이 있다는 것을 인지할 수 있는 마음 이론(Theory of Mind)이 없다. 이를 밝히기 위하여 다음과 같은 실험을 하였다.

첫 번째 단계, 인형 갑이 바구니에 담아둔 구슬을 가지고 놀다가 방에서 나간다.
두 번째 단계, 인형 을이 들어와 바구니에서 상자로 구슬을 옮긴다.
세 번째 단계, 이를 지켜본 4세 이하 아이에게 갑이 다시 돌아오면 인형 을 어디에서 찾을까라고 묻는다.

이에 4세 이하 아이들은 자신들이 알고 있는 구슬이 들어 있는

---

[17] 톰 올리버 저, 권은현 역, 『우리는 연결되어 있다』, 브론스테인, 2022, 147-148쪽.

상자를 가리켰다. 반면에 더 큰 아이들은 바구니를 가리켰다. 인형 갑이 인지하고 있는 구슬의 위치를 더 큰 아이들은 이해한 것이다. 여기서 영유아는 타인의 생각이 자신과 다르다는 것을 이해하지 못한다는 결론을 도출할 수 있다. 이로 미루어, 인간은 성장하면서 개인별 정체성이 발달함을 알 수 있다.

인간을 존엄하게 하고, 인류를 위대하고 특별나게 만들었던 것들이 이처럼 하나둘씩 깨지고 있다. 그와 동시에 인간과 동물, 인간과 AI의 간극은 좁혀지고 있다. 그래서 "영리한 동물은 스스로가 배타적이면서도 독점적인 지위를 지닌 것처럼 믿고 있지만, 이는 인간이라고 하는 동물 중의 한 종이 주장하는 자기중심적인 논리에 불과하였다."는 지적에 수긍하게 되었다.[18] 이는 인간 중심주의에 대한 회의를 일으켰고, AI와 인간의 문제를 넘어, 인류와 함께 공존하는 지구상의 많은 생명체를 다시 보게 했다.

이러한 논의는 신유물론에서 확대되어 논의된다.

"신유물론은 메이야수의 사변적 실재론을 비롯해서 그레이엄 하먼의 객체지향 존재론, 제인 베넷의 생기론적 유물론 등 다양한 이론을 포함하고 있다. 그렇지만 이들을 하나로 묶을 수 있는 공통의 지향점이 있는데, 인간중심적 혹은 인간관계적 사고의 틀에서 벗어나려고 한다는 점이다."[19]

인간만이 주체로서 행동하는 것이 아님을 신유물론은 재차 강조

---

18 리하르트 다비트 프레히트 저, 백종유 역, 『나는 누구인가』, 21세기북스, 2008, 34쪽.
19 몸문화연구소, 『신유물론 - 몸과 물질의 행위성』, 필로소픽, 2022, 56쪽.

하고, 나아가 물질도 행동함을 역설하고 있다. 신유물론은 유물론이나 관념론에서 그동안 간과했던 물질의 행위성을 이론화하고 있다.[20]

인간 존재의 존엄이라는 거품의 제거는 일상으로 확장된다. 식용으로 대했던 개가 반려견이 되었다. 채식주의자들이 늘어나고, 동물보호 운동과 동물복지(動物福祉, animal welfare)운동 등 현대사회에 들어와 인간과 동물의 관계를 전과 다르게 해석하고 있다.[21] 나아가 인류와 모양이 다르다는 이유로 고통을 받았던 물고기에 대해서도 다르게 보는 접근이 주목받았다.[22] 스스로가 만들었던 인간에 대한 거품이 제거되는 중이다.

인간은 한계가 많은 생명체이자, 지구상에서 가장 위험한 종이기도 하다. "인간이야말로 '세상에서 가장 위험한 종'이 아닌가. 매년 40만 명의 인간이 인간의 손에 죽는다."[23] 이러한 일은 비일비재했다. 예를 들어 1845년 『데모크라틱 리뷰』의 주필이었던 존 오 설리번(J. L. O' Sullivan)은 "전 인류에 신의 원칙들을 명백히 실현할 운명을 부여받은 우리는 신으로부터 남의 땅을 빼앗을 권리를 부여받았다."라고

---

20 김덕삼, 장영창, 「인문학적 장이론과 신유물론의 비교」, 동아시아고대학 72, 동아시아고대학회, 2023, 475-498쪽.
21 "나는 비인간이라는 용어가 몹시 거슬린다. …… 공평하게 하려면 해당 동물이 비인간일 뿐만 아니라 비펭귄, 비하이에나, 기타 등등이기도 하다고 덧붙여야 할 것이라고 여백에 적어 넣는다."(프란스 드 발 저, 이충호 옮김, 『동물의 생각에 관한 생각』, 세종, 2020, 49-50쪽).
22 "낚싯바늘에 꿰여 물 밖으로 끌려나올 때 비명을 지르지도 않고 눈물도 흘리지 않는다. 항상 휘둥그렇게 뜨고 있는 눈은 물고기들이 아무것도 느끼지 않을 거라는 오해를 부풀린다. 하지만 물고기들은 물속에 잠겨 있기 때문에 눈꺼풀이 필요 없다는 점을 명심하라. 우리가 물고기에게 공감하지 못하는 결정적 이유는 '노는 물'이 서로 다르기 때문이다. 낚싯바늘에 꿰여 물 밖으로 끌려나온 물고기가 울지 않는 이유는 우리가 물속에 빠졌을 때 울지 않는 이유와 마찬가지다."(조너선 밸컴 저, 양병찬 역, 『물고기는 알고 있다. 물속에 사는 우리 사촌들의 사생활』, 에이도스, 2017, 316쪽).
23 박한선, 『인간의 자리 - 진화인류학자 박한선의 호모 사피엔스 탐사기』, 바다출판사, 2023, 96쪽.

했다. 그리고 그의 논설 '명백한 운명(Manifest Destiny)'을 근거로 백인들은 인디언을 서슴지 않고 학살했다.[24] 인간은 한계도 많고, 문제도 많다. 물론 반성하고 견제하는 능력도 있지만, 지구와 다른 생명체의 입장에서 보면, 인간은 그리 달가운 존재가 아닐 것 같다.

그런데 이제는 인간이 만든 산물(産物)이 인간을 위협하는 시대가 되었다. 인류와 생태계를 위협하는 환경오염부터 전쟁 무기까지 그리고 그 속에 AI의 두려움도 등장하였다.[25] 1995년 영화화되어 크게 관심을 받았던 '공각기동대(攻殼機動隊, Ghost in the Shell)'라는 일본 만화영화는 영화 속 세계를 2029년으로 설정하여 다루었다. 사람과 AI의 관계가 2029년에 그렇게까지 전개될지 그 가능성은 희박하지만, 그 속에 나타난 고민이나 방향성에 이견을 갖기는 쉽지 않다. 하루가 다르게 인류를 깜짝깜짝 놀라게 하는 AI의 진화 소식이 등장하기 때문이다. 그럴 때마다 인간의 한계와 위협을 동시에 느낀다.

인간의 존재와 연결

연결은 사람과 사람을 연결하고, 정보와 정보를 연결한다. 지금 인류는 초연결사회에 살고 있다.[26] 공각기동대에서도 육체적 혹은 가

---

[24] 김덕삼, 『변화와 장의 탐구-중국의 사람·사회·문화를 중심으로』, 한국학술정보, 2022, 97쪽.
[25] 예를 들어, 인간이 아닌 AI가 전투기를 조종한다면, 조종사를 교육하거나 관리하거나 위기 상황에 빠진 조종사를 구출하는 일, 더구나 중력 가속도를 견뎌야 하는 인간의 물리적 한계를 염려할 필요가 없다. 전투기 개발의 한계점이 달라진다.(중앙일보, 2024. 04. 23. 25면, 'AI전투기 조종사가 온다')
[26] 『초연결사회의 탄생- 모든 것은 어떻게 연결되었나』(김정섭, 경기도 파주: 위키미디어, 2019, 1-418쪽)에서는 초연결사회는 단일 기술로 이뤄지지 않고, 다양한 기술이 오랜 기간 접목되며 만드는 중이라면서, 연결을 위한 기술에 집중하여 그 과정을 소개하고 있다.

시적 물질의 존재를 버리고, 네트워크 속으로 들어가 존재하는 것을 볼 수 있다. 바로 연결, 무한한 연결 속에 우리는 살고 있다. 인간과 동물, 인간과 우주도 연결되어 존재한다. 인간의 피조물인 AI도 연결 속에 존재하고, 나아가 인간과 AI의 연결도 적극적으로 생각해 볼 필요가 있다.

인간의 신체부터 '연결'이라는 카테고리에서 벗어나지 못한다. 예를 들어 우리의 신체는 일생 동안 평균적으로 35톤의 음식을 섭취한다. 여기에 3만 1,000리터의 수분을 마시고, 약 3억 리터의 공기를 흡입한다.[27] 모두 외부와의 연결 속에서 오는 것이고, 내가 마시고 먹은 수분, 공기, 음식물은 어떤 다른 존재의 것이 분해되어 내게 온 것이다. '장기이식'처럼 분자나 원자 단위의 '이식'이 일어난다. 그리고 이런 식으로 이식이 일어난 인간의 신체는 영원할 수 없다. 다시 생로병사의 변화 패턴 속에 다른 무언가로 이동하여, 다른 무언가로 존재하게 된다. 그래서 중국의 고대철학자 장자(莊子)는 살고 죽는 것을 기(氣)의 이합집산(離合集散)으로 보았다. 물론 이는 서양의 아리스토텔레스(Aristotle)가 말한 에테르(aether)로 생각할 수도 있다.

연결은 신유물론에서도 확장되어 논의된다. 신유물론의 물질은 잠재적 차원에서 서로 간에 평등한 관계를 맺고 있지만, 현행적 차원에서 그 관계 맺음의 능력은 달라진다. 더 많은 관계, 더 많은 네트워크 안에서 물질은 더 큰 능력을 발휘하며, 또한 그에 기반하여 관계 확장에 나선다.[28] 인간을 포함한 모든 물질은 연결 속에 관계를 맺고, 능력을 발휘하며, 확장된다.

---

27   톰 올리버 저, 권은현 역, 『우리는 연결되어 있다』, 브론스테인, 2022, 48쪽.
28   몸문화연구소, 『신유물론 - 몸과 물질의 행위성』, 필로소픽, 2022, 255쪽.

동양 문화에서 말한 '기'를 원자나 분자 혹은 지금까지 인류가 찾아낸 118개의 원소 정도로 생각해도 크게 틀리지 않는다. 고대나 지금이나, 이처럼 단순하고 명쾌한 진리를 통해 우린 서로 연결되어 있음을 확인할 수 있다. 그래서 과학자 프리초프 카프라(Fritjof capra)는 인간의 몸은 죽은 것이 아니라 계속해서 살고 또 사는 것이라고 말했고, 율라 비스(Eula Biss)가 『면역에 관하여』에서 말한 우리는 늘 서로의 환경이란 것도 인간과 인간은 서로 연결되어 있기 때문이다.

문제는 확장된다. 연결 속에 나(혹은 인간)는 혹은 나(혹은 인간)라는 정체성은 무엇으로 결정되는가라는 철학적 질문까지 이어지기 때문이다. 나나 인간은 홀로 존재할 수 없다. 하지만 연결되어 존재하는 연결 속에서, 나의 정체성을 명확하게 단정하여 말하기 쉽지 않다. 이를테면 다음과 같은 상황에서 우리는 어떻게 이 문제를 생각할 수 있을까?

어느 청소부가 자신의 20년 된 빗자루를 자랑한다. 머리 부분을 17번, 손잡이를 14번 교체했다고 말한다. 지금의 빗자루는 과연 20년 전의 빗자루일까?

같은 맥락에서 우리 몸의 세포와 신체의 관계도 20년 된 빗자루와 비교하여 생각해 볼 수 있다. 인간 신체의 세포는 평균적으로 7년에서 10년밖에 살지 못한다. 예를 들어 장 내막 세포는 5일, 피부 표피 세포는 2주, 적혈구는 4개월, 골격 세포와 창자 세포는 15년이다. 그리고 인간은 매시간 약 백만 개의 미립자를 배출한다.[29]

---

29 톰 올리버 저, 권은현 역, 『우리는 연결되어 있다』, 브론스테인, 2022, 50-51쪽.

어떤 물질을 규정하거나 그 정체성을 논할 때, 우리는 어디에 기준을 두어야 할까? 처음에 그것을 만들었던 분자로 규정할까? 아니면 다른 그 무엇으로 규정할까? 그럼 그 다른 그 무엇은 무엇일까? 이 문제를 인간의 눈높이에 맞춰 생각해 보면 갓난아기의 홍길동, 어린이 홍길동, 청년 홍길동, 할아버지 홍길동은 20년 된 빗자루처럼 연결되어 존재한다. 그러나 그 속에서 끊임없이 바뀌고 변하고 달라지는 과정을 우리는 알고 있다. 그런데도 그들이 모두 같다고 말할 수 있을까? 조금 더 현실적으로 생각해 보면 육체적 변화뿐만 아니라 심각한 정신적 변화를 겪는다면, 그가 치매에 걸렸다면, 혹은 술에 취해, 병에 걸려 정신적으로 문제가 있다면, 우리는 그를 무엇으로 규정해야 할까?

자명하다. 인간은 연결되어 있다. 인간을 둘러싼 환경, 인간을 포함한 다른 존재, 나아가 우주와 연결되어 있다. 그러므로 다음과 같은 실천적 발언이 가능해진다. 이제 인류는 독립된 자아라는 주관적인 환상을 깨고 세상에 미치는 우리의 영향을 책임질 방법을 찾아야 한다.[30]

마르크스는 『정치경제학 비판 요강』에서 사회는 개인들로 이루어지지 않는다. 사회는 개인들이 그 속에 존재하는 관계와 연결의 총합을 나타낸다고 했다.[31] 이언 모리스(Ian Morris)는 사람들은 자신을 둘러싼 사회 시스템이 변하면 자체 효율을 극대화하기 위해 가치관을 조정한다고 했다.[32] 모리스는 수렵 채집, 농경, 화석연료의 사용이라

---

30 톰 올리버 저, 권은현 역, 『우리는 연결되어 있다』, 브론스테인, 2022, 284쪽.
31 피에르 부르디외.로익 바캉, 이상길 역, 『성찰적 사회학으로의 초대(부르디외 사유의 지평)』, 그린비, 2015, 60쪽.
32 이언 모리스 저, 이재경 역, 『가치관의 탄생』, 반니, 2016, 33쪽.

는 에너지 획득 방식의 변화에 주목했다. 그는 에너지 획득 방식이 해당 시대의 사회 체제와 사회적 가치들을 '결정'하거나 최소한 '한정'한다고 보았다.

인류는 인간과 인간이 연결되어 존재한다. 나아가 인간은 우주의 수많은 물질과 연결되어 존재한다. 모든 것은 연결되어 있다. 이러한 연결 속에 변화가 있고, 인류가 만든 인공물의 위협도 있다. 동시에 인간과 인간의 연결을 통한 예방과 활용도 가능하다.

4. 연결을 통한 공존과 창조

인간과 AI의 연결

산업혁명이 인간의 육체에 일격을 가하는 변화를 가져왔다면, 지금 AI에서 촉발한 혁명은 인간의 두뇌에 일격을 가하는 변화를 불러오고 있다. 인류를 위협할 정도의 파괴력을 가진 변화이다. 혹자는 인간의 감성에 일격을 가할 변화가 남아 있다고 하지만, 인간의 감성과 이성을 보는 관점에도 이견이 있고, 감성의 작용 역시 두뇌의 역할에서 촉발되기에, 이 문제 역시 AI에서 파생될 변화와 같은 선상에 있다고 보아도 무방하다.

하나의 실험을 제시해보면 다음과 같다. 지금 이 글은 인간인 저자들이 쓰고 있다. 그러나 논문을 검색하거나, 외국어 인명이나 용어의 확인 과정에서는 저자들도 인터넷의 힘을 빌리고 있다. AI는 이러한 검색의 차원을 한층 더 끌어올렸다. Google Bard를 사용하여 간단하게 '공동체와 연결'에 대한 질문을 던졌다. 그 결과 아래와 같은 글이 너무 빠르게 바로 나왔다.[33]

> 공동체의 연결은 공동체 구성원들 간의 관계를 형성하고 유지하는 것을 의미한다. 공동체의 연결은 공동체의 지속과 발전에 필수적인 요소이다.

그러면서 이를 구분하여 다음처럼 설명했다.

> 공동체의 연결은 크게 물리적 연결과 비물리적 연결로 나눌 수 있다. 물리적 연결은 공동체 구성원들이 서로 직접 만나 교류하는 것을 의미한다. 비물리적 연결은 공동체 구성원들이 서로 온라인이나 전화, 이메일 등을 통해 교류하는 것을 의미한다. 물리적 연결은 공동체 구성원들 간의 신뢰와 유대감을 형성하는 데 중요한 역할을 한다. 공동체 구성원들이 서로 자주 만나 대화를 나누면 서로에 대한 이해와 공감대가 형성되고, 공동체에 대한 소속감과 애착이 커진다. 비물리적 연결은 물리적 연결이 어려운 상황에서 공동체 구성원들 간의 관계를 유지하는 데 중요한 역할을 한다. 특히, 현대 사회에서는 사람들이 이동이 많아지고, 가족과 친구와의 거리가 멀어지는 경우가 많아졌기 때문에, 비물리적 연결은 공동체의 연결을 유지하는 데 더욱 중요해지고 있다.

이어 다음과 같은 방향성도 제시했다.

---

33 2023년 11월 8일 Google Bard를 사용한 대답.

공동체의 연결을 강화하기 위해서는 다음과 같은 노력이 필요하다. 공동체 구성원들이 서로 만나 교류할 수 있는 기회를 마련해야 한다. 공동체 활동이나 행사를 통해 공동체 구성원들 간의 친목을 도모해야 한다. 공동체 웹사이트나 SNS 등을 통해 공동체 구성원들 간의 소통을 활성화해야 한다. 공동체의 연결이 강화되면 다음과 같은 효과를 기대할 수 있다. 공동체의 지속과 발전이 가능합니다. 공동체 구성원들의 삶의 질이 향상된다. 공동체의 문제 해결과 발전에 기여할 수 있다. 한국 사회에서도 공동체의 중요성이 점차 커지고 있다. 이러한 추세에 따라, 공동체의 연결을 강화하기 위한 노력이 더욱 중요해질 것으로 예상된다.

대답은 수준 이상이다. 분석뿐만이 아니라 대안의 제시까지, 일정 수준의 답을 신속하게 내놓는 Google Bard는 누구나 쉽게 이용할 수 있는 도구이다. 이보다 전문화되고, 고가의 비용을 지불하는 것은 수준이 더 뛰어나다.[34] 괄목상대(刮目相對)한 일이 사람에게서가 아닌 인류가 만든 기계에서 일어나고 있고, 이것이 인류의 한계를 넘어 발전하고 있다.

이제 알고리즘 자체를 설계하는 AI까지 등장하고 있다. DBN(심층신뢰신경망)을 발표하고 딥러닝(Deep Learning)으로 주목을 받았던 제프리 힌턴(Geoffrey Everest Hinton)은 초지능으로서의 AI를 염려하여, 더 늦기 전에 이러한 발전과 변화에 대비할 것을 인류에게 요구하였다. 반면에 얀르 쿤(Yann LeCun)은 AI의 발전이 인류에 미

---

34 지금의 책GPT는 다양한 데이터를 기반으로 프롬프트에 따라 답을 한다. 정확한 프롬프트도 중요하지만, 오염되지 않은 데이터도 중요하다. 이러한 측면에서 블록체인을 이용하여 양질의 데이터를 확보하는 방법처럼 현재의 문제를 극복하는 다양하고 놀라운 방법이 빠르게 제시되고 있다.

치는 영향을 비교적 긍정적으로 조망하였다.

우리는 긍정적인 것보다 만에 하나 발생할지 모르는 부정적 영향에 주의를 기울이며 준비해야 한다. 이러한 측면에서 인간과 AI의 연결에서 두 가지 방안을 제시한다. 첫째, 인간과 인간의 연결을 통한 AI에 대한 대비이다. 둘째, 인간과 AI의 연결을 통한 발전이다.[35]

첫째, 인간과 인간의 연결을 통한 AI에 대한 대비이다.

이는 뒤에서 다시 말하겠지만, 인간과 AI의 연결 측면에서 조금 깊게 생각할 필요가 있다. 인류 공동체가 함께 준비하여 인간과 AI의 연결을 긍정적으로 유도해야 한다는 것이다.

빠른 속도로 발전하는 AI를 특정 국가나 개인 혹은 단체가 독점하게 될 때, 이는 마치 핵폭탄을 맡긴 것처럼 조심스럽다. 위력이 그만큼 크기 때문이다. 예를 들어 사물인터넷(IOT) 기술이 뛰어난 중국 정부가 이 기술을 이용하여 자행하는 위구르족 탄압도 이미 잘 알려진 사실이다.[36] 이러한 맥락에서 AI를 이용한 국방력과 AI 기술의 선점 효과는 그 파급력이 크다. 국방력에서, AI가 발전한 국가에 의존할 수밖에 없다. 뛰어난 기술은 다른 기술을 무력화시킬 수 있기 때문이다.

이미 이러한 두려움으로 AI에 대한 연구나 실험을 제한하기도 한다. 한국도 윤리적 문제 혹은 개인 생활권 문제 등으로 자율주행 자동차 시범 운행조차 쉽지 않았다. 반면에 개인의 프라이버시가 상대적으로 덜 중요시되는 중국에서는 이에 대한 실험과 시범 운행을 통

---

35 이에 대해 다음의 논문(김덕삼, 이경자, 「공동체에서 인간과 인공물의 연결에 대한 검토와 제안: 도교적 이론과 사례를 참고하여」, 가족과 커뮤니티 9, 전남대학교 인문학연구원, 2024, 283쪽)을 참고하기 바란다.
36 대런 바일러 저, 홍명교 역, 『신장위구르 디스토피아』, 생각의 힘, 2022.

해, 기술 발전에 중요한 변수를 차지하는 거대한 데이터를 확보했다.

이처럼, 기존의 제한을 무시하고 기술 발전에 매진한다면, 그들이 차지하게 될 힘은 인류 전체를 위협할 수 있다. 독재국가나 혹은 어떤 사기업이 개인적 욕망에 따라 AI를 개발하여 사용한다면, 공상과학 만화영화에서나 보았던 이야기가 현실에서 전개될 수도 있다.

대세는 이미 기울어졌다. 특정 지역에서 제어하고 통제해도 AI는 개발될 것이다. 인간의 욕망이 작동할 것이다. 그렇다면 막기보다 공개적으로 인류 공동체 차원에서 협동하여 개발하는 것이 바람직할 것이다. 인류는 다음의 언급처럼 연결 속의 협동을 통해 성장하고 발전했다.

"인류의 협동이 공간뿐 아니라 시간도 초월했다는 것이다. (중략) 수만 명이 세대를 뛰어넘어 협동하여 오랜 시간 동안 생각들을 보존하고 발전시켰다. 그러면서 우리의 지식과 문화는 조금씩 성장했다."[37]

이때 필요한 것이, 앞서 언급한 첫 번째, 인간과 인간의 연결로 대비하는 방안이다.[38] 인류는 서로 연결되어 있다는 의식과 공동체성으로 공동 대응을 모색해야 한다. 이러한 맥락에서도 현대의 찰스 다윈이라고 칭송되는 에드워드 윌슨(Edward Wilson)의 경고 "이기적 개체는 이타적 개체를 이기지만, 이타적 개체의 집단은 이기적 개체

37　토비 오드 저, 『벼랑세, 인류의 존재 위험과 미래, 사피엔스의 멸망』, 하인해 역, 서울: 로크 미디어, 2021. 23-24쪽.
38　Dugsam Kim·Taesoo Kim·Kyung Ja Lee,「Discussion and Proposal of Alternatives for the Ecological Environment from a Daoist Perspective」,『Religions』2024, Volume 15, Issue 2, 142. 1-18쪽.

의 집단을 이긴다."는[39] 말을 상기할 필요가 있다.

둘째, 인간과 AI의 연결을 통한 발전이다.

이는 트랜스휴머니즘(transhumanism) 논의로 확장된다. 달리 말하여 포스트휴먼(posthuman)이라고 말하기도 하는 트랜스휴머니즘은 지적 문화적 운동으로 과학기술을 이용하여 인간의 능력을 개선하고자 했다. 이에 대한 찬반 논의가 프랜시스 후쿠야마(Fukuyama, Francis)나 로널드 베일리(Bailey, Ronald) 등의 주장처럼 팽팽히 맞섰다. 하지만 앞서 언급한 '낯선 변화'의 시작으로 논의의 흐름이 바뀌었다.

AI 발전의 속도와 위력으로 보았을 때, 이를 거부하고 막기보다 AI와 연결된 인류를 적극적으로 고려할 필요가 있게 되었다. 이제, 인류도 과거와 다른 진화가 필요하다. 어항 속의 물고기가 어항을 자신의 전 세계인 양 알고 있는 것처럼, 우리도 우리의 인식 한계를 벗어나서 생각할 수 없다.

지금 이대로라면, 인류도 영원할 수 없다. 시작이 있으면 끝이 있기 때문이고, 인류의 끝이 지금이 될 수도 있기 때문이다. 하지만 그 끝을 연장할 수 있다. 변화에 응하여 변하는 것, 진화론의 다윈(Charles Darwin)은 "살아남는 것은 가장 강한 종이나 가장 똑똑한 종들이 아니라, 변화에 가장 잘 적응하는 종들이다."라고 말했다. 인간의 한계를 인정하면서, 새롭게 진화할 상상이 필요하다.

AI는 위협적인 존재지만, 피할 수 없는 변화라면 적극적으로 이용할 방법을 모색해야 한다. 마치 핵발전이 위협적이지만, 현대처럼 다량의 전기를 필요로 하는 사회에서 땔감으로 에너지를 구할 수 없는

---

[39] 이언 모리스 저, 이재경 역, 『가치관의 탄생』, 반니, 2016, 34쪽.

것과 같은 이치다. 또한, 산업혁명을 거치며 기계에 대한 반감과 위협이 있었지만,[40] 결국 이를 적극적으로 활용하여 발전시켰다. 답은 이미 정해져 있다. 앞서 제시한 Google Bard를 이용한 '공동체와 연결'에 대한 논의도 인간과 AI의 연결에 대한 방향을 제시한다. 지금 우리는 또 다른 뇌를 갖고 다니며 살고 있다. 바로 스마트폰이 그렇다. 이제 인류와 AI의 이상적 연결을 적극적으로 탐구하고 준비해야 한다.

인관과 인간의 연결

인간과 AI의 연결에서도 하나의 방안으로 인간과 인간의 연결을 통한 대비와 활용을 언급했지만, 인간과 인간의 연결은 보다 근본적인 문제이기에, 인간과 인간의 연결을 다시 생각해 봐야 한다.

지금 인류 공동체에는 '연결'에 대한 인식과 실천이 부족하다. 그래서 다음과 같은 우려가 나온다. 우리 교육 시스템이 직면한 문제 중 하나는 공동체의 느낌을 잃었다는 것이다. 함께 일하는 사람들과 학생들 사이의 친밀감을 잃었을 뿐 아니라, 학문 세계 바깥과의 연결감과 친밀감을 잃어버렸다.[41]

기후 위기, 환경오염, 전염병 등의 재난에 인류 모두가 직면하고 있다. 이는 인간과 인간이 연결된 공동체의 문제로, 함께 손을 맞잡고 해결해야 한다. 그렇지 않으면 인류의 미래를 장담하기 어렵다. AI 발전의 문제도 마찬가지이다. 미래 과학기술의 공포에 대한 것도 인간과

---

40 영국의 직물 공업 지대에서 1811~1817년 사이에 발생한 기계파괴운동인 러다이트운동(Luddite Movement)을 예로 들 수 있겠다. 이러한 행동은 그 이후에도 이어졌다. 네오러다이트운동(neo-Luddite Movement) 등이 그 예이다.
41 벨훅스, 『벨 훅스, 당신과 나의 공동체』, 학이시습, 2022, XXVi쪽.

인간의 연결 속에 해결해야 한다.

　인류의 가장 결정적인 특징은 문화의 도움을 받아 전세계적으로 오랜 시간에 걸쳐 이뤄진 사람 간의 거대한 연결성과 협력이다.[42] 인간과 인간의 연결은 결국 인간을 하나의 장 속에서 보게 만든다. 즉, 자신만의 장에 갇혀 주장하는 것이 아니라, 너와 내가 연결된 상위의 장을 상정하고, 그 속에서 공동의 이익과 발전을 추구한다. 예를 들어, 비행기를 처음 사용할 무렵에는 생각지 못한 사고가 계속 일어났다. 이때 상위의 공동의 장을 만들어 정보를 공유하며, 공동 대처하자는 합의를 만들었다. 바로 부속조항13(Annex13)같은 것이다. 이를 통해 항공기 사고의 원인을 규명하고 공동 대처하면서 항공기 사고를 대폭 줄일 수 있었다. 지금 인류가 환경 위기에 맞서 힘을 모으려는 것도, 핵무기 사용을 억제하는 것도 결국 지구라는 공동의 장 속에서 서로 연결되어 살고 있음을 알기 때문이다.

　인간과 인간의 연결에 대한 강조는 공동체의 문제를 건강하게 해결하는 방향으로 이끈다. 그래서 문제의 발생을 단순히 발생 당사자에게 국한하여 단죄하지 않는다. 대표적인 게 라과디아(Fiorello Henry La Guardia) 판사의 판결이다.

　미국 뉴욕에는 JFK공항 외에 공항이 하나 더 있는데, 바로 라과디아 판사의 이름을 딴 라과디아 공항이다. 라과디아 판사는 상점에서 물건을 훔친 노인에게, 물건을 훔친 그 원인의 원인을 물었다. 그 노인에게는 배고픈 세 명의 손자가 있었고, 노인은 자신의 손자를 위해 빵을 구할 수밖에 없는 절박한 상황임을 판사는 알 수 있었다. 공동체 구성원의 연결은 여기서 발동된다. 판사는 노인에게 벌금형을 내

---

[42]　톰 올리버 저, 권은현 역, 『우리는 연결되어 있다』, 브론스테인, 2022, 283쪽.

린 것과 동시에 그 노인이 빵을 훔칠 수밖에 없게 만든 뉴욕시민에게도 책임을 물었다. 공동체는 서로 연결되어 존재하기 때문이다.

위험한 작업장에서 일하는 노동자가 금연에 실패한 경우, 남아프리카공화국의 콰줄루나탈 시골 지역에서 에이즈 치료약을 제공받지 못하는 시스템으로 사람들이 죽는 경우, 동유럽 국가들의 경제위기 때 IMF 구조조정 프로그램의 집행 여부에 따라 달라진 나라별 결핵 사망률 등,[43] 여기에는 '원인의 원인'이 있다.[44]

문제의 원인은 금연에 실패한 노동자, 에이즈로 사망한 여성, 결핵에 걸린 어린이 개인에게만 있지 않다. 이러한 환경을 만든 구성원 모두에게, 그리고 국가와 사회에게도 책임이 있다. 인간과 인간이 만든 공동체는 연결되어 존재하고, 인간이 만든 많은 피조물과 사건은 서로 연결되어 발생하고 사라진다.

지구에서 발생하는 환경의 문제도 누구 하나의 문제로 국한될 수 없다.[45] 결국, 연결되어 생사소멸하기 때문이다. 그러므로 인류에 닥친 문제, AI의 위협과 활용도 특정 국가나 특정 집단이 의도적으로 악용하기 전에 인간과 인간의 연결 속에 협조하며 공동의 발전을 위해 올바른 방향으로 이끌어야 할 것이다.[46]

---

43   김승섭, 『아픔이 길이 되려면』, 동아시아, 2017, 55-72쪽.
44   개인이 살고 있는 공동체의 역사와 정치의 구조에 주목한, 심장내과 의사 제프리 로즈가 이야기했던 질병의 '원인의 원인'을 탐구하는 연구는 사회역학으로 결실을 맺는다(김승섭, 『아픔이 길이 되려면』, 동아시아, 2017, 59-60쪽).
45   산업발전을 이루고, 오염발생 산업을 후진국으로 옮긴 (오염의 외주화를 이룬) 선진국의 이기적인 모습에 의문을 갖고 환경정의론(Environmental Justice)을 생각할 필요가 있겠다. 나아가 인간중심주의(anthropocentrism)적 장을 벗어나 자연과 인간이 함께하는 장까지 상정할 필요가 있다(Dugsam Kim·Taesoo Kim·Kyung Ja Lee,「Discussion and Proposal of Alternatives for the Ecological Environment from a Daoist Perspective」『Religions』2024, Volume 15, Issue 2, 142. 1-18쪽).
46   앞에서 언급한 것처럼 최근 들어 이러한 움직임이 느리지만 조금씩 일어나고 있다. 2023년 11월 1일에 영국에서 열린 제1회 '인공지능 안전 정상회의', 2024년 3월 13일에

5. 인류의 진화와 연결의 미래

　기술의 발전 속도는 빠르다. 호모테크놀로지쿠스(homotechnologycus) 즉, 인류는 기술적 인간으로 존재한다. 인류에게 "기술은 더 많은 것, 더 나은 것, 더 쉬운 것, 더 저렴한 것을 끊임없이 약속하면서 영원히 매달려 있는 미끼와 같다."[47] 그 미끼가 이제는 그 실체를 드러내고 있다. 그래서 AI의 변화는 지금의 인류에게 낯설고 위협적이다.

　앞서 AI의 발전을 통해 인간을 성찰하고, 인간의 한계와 문제점 그리고 극복의 방안을 생각해 보았다. 그리고 이러한 문제의 해결로 인류가 발전하고, 존재의 가치를 높일 수 있었던 '연결'에 집중하였다.

　인류가 기술의 변화에서 주도권을 가져야 하지만, 지금의 변화 속도로는 어려워 보인다. 지금이라도 통제하기 힘든 시대가 도래하기 전에 연결을 통한 국제적 합의와 대응 체계를 구축해야 한다. 결국 '연결'은 인간의 가치를 높일 것이고, 발전과 위기 극복의 기회를 제공할 것이다. 동시에 AI와의 연결을 통해서 보다 진화된 인류도 기대할 수 있을 것이다.[48]

유럽의회가 세계 최초로 통과시킨 인공지능법 등이 그렇다.
47　무스타파 술래이만 저, 이정미 역, 『더 커밍 웨이브-딥마인드의 창조자가 말하는 AI와 인류의 새로운 미래』, 한스미디어, 2024, 78쪽. 인공지능의 발전과 변화에는 유토피아와 디스토피아의 양면이 모두 존재한다. 『더 커밍 웨이브』는 저자가 딥마인드 창립자이기도 하지만, 책의 서문을 인공지능이 썼다.
48　대표적으로 일론 머스크의 뉴럴링크(Neuralink)가 있다. BCI(brain-computer interface), 뇌와 컴퓨터의 인터페이스를 실현하고자 한다. 이들은 2023년에 미국 식품의약국(FDA)에서 인간 임상시험 승인을 받았고, 투자금도 유치했다. 이와 관련한 몇몇 실험들이 주목을 받고 있다. 이와 관련하여 다음의 책을 참고하기 바란다. (임창환, 『뉴럴링크 - 21세기를 이끄는 거대한 연결, 뇌-컴퓨터 인터페이스』, 서울: 동아시아, 2024).

그러나 국내적으로는 투자와 규제가 AI 기술의 변화 속도를 따라가지 못하고 있다. 동시에 인문학적 성찰도 쉽지 않다. 다양한 이유와 변명이 있겠지만, 경로의존성에 의한 인간에 대한 믿음을 쉽게 바꾸지 못하는 것도 이유일 것이다.

믿음은 변화 속에 폐기되고, 새롭게 만들어지곤 했다. 예를 들어, 300년 전의 여성과 남성의 지위나, 중세 유럽에서의 결혼과 사랑에 대한 태도도 새로운 상황에 직면하며 지금까지 변해왔다.

이제 어항 속 물고기처럼 생각하는 한계를 벗어나, 변화 속에 상상하고, 연결되어 이어지는 공동의 발전을 추구해야 할 것이다. 에드워드 윌슨은 40여 년도 전에 이렇게 제안했다고 한다. "윤리를 철학의 품에서 일시적으로 떼 내 생물학적으로 따져 봐야 할 때가 온 건 아닐까? 이 가능성을 과학과 인문학이 함께 고려해야 한다."[49] 이러한 측면에서 디지털 인문학(digital humanities)을 비롯하여, 지금의 인문학에 필요한 것은 '상상'이라고 말하고 싶다.

그러면서 인간이나 AI나 지켜야 할 것은 본질을 생각하고, 남을 헤치지 않는다는 공동체의 존립을 위한 공리일 것이다. 그 속에서 연결은 새로운 과학기술의 발전을 수용하며, 인류의 진화를 이끌 것이다.

---

49   이언 모리스 저, 이재경 역, 『가치관의 탄생』, 반니, 2016, 34쪽.

참고문헌

김덕삼,『변화와 장의 탐구-중국의 사람·사회·문화를 중심으로』, 한국학술정보, 2022.
김덕삼, 이경자,「공동체에서 인간과 인공물의 연결에 대한 검토와 제안: 도교적 이론과 사례를 참고하여」, 가족과 커뮤니티 9, 전남대학교 인문학연구원, 2024.
김덕삼, 장영창,「인문학적 장이론과 신유물론의 비교」, 동아시아고대학 72, 동아시아고대학회, 2023.
김승섭,『아픔이 길이 되려면』, 동아시아, 2017.
김정섭,『초연결사회의 탄생- 모든 것은 어떻게 연결되었나』, 위키미디어, 2019.
대런 바일러 저, 홍명교 역,『신장위구르 디스토피아』, 생각의 힘, 2022.
리하르트 다비트 프레히트 저, 백종유 역,『나는 누구인가』, 21세기북스, 2008.
몸문화연구소,『신유물론 - 몸과 물질의 행위성』, 필로소픽, 2022.
무스타파 술래이만 저, 이정미 역,『더 커밍 웨이브 - 딥마인드의 창조자가 말하는 AI와 인류의 새로운 미래』, 한스미디어, 2024.
문석윤,『동양적 마음의 탄생』, 글항아리, 2014.
박한선,『인간의 자리 - 진화인류학자 박한선의 호모 사피엔스 탐사기』, 바다출판사, 2023.
벨훅스,『벨 훅스, 당신과 나의 공동체』, 학이시습, 2022.
새뮤얼 아브스만 저, 이창희 옮김,『지식의 반감기』, 책읽는 수요일, 2014.
앙리 베르그송 저, 이광래 옮김,『사유와 운동』, 문예출판사, 1993.
에릭 브린욜프슨, 앤드루 맥아피 저, 이한음 역,『제2의 기계 시대 (인간과 기계의 공생이 시작된다)』, 청림출판, 2014.
윤정현(2023.12.6.),「인공지능 안전에 관한 블레츨리 정상회의의 의미와 시사점, 이슈브리프」493호, 국가안보전략연구원.
이언 모리스 저, 이재경 역,『가치관의 탄생』, 반니, 2016.
임창환,『뉴럴 링크 - 21세기를 이끄는 거대한 연결, 뇌-컴퓨터 인터페이스』, 동아시아, 2024.
조너선 밸컴 저, 양병찬 역,『물고기는 알고 있다. 물속에 사는 우리 사촌들의 사생활』, 에이도스, 2017.
토드 로즈 저, 노정태 역,『집단착각』, 21세기북스, 2023.
톰 올리버 저, 권은현 역,『우리는 연결되어 있다』, 브론스테인, 2022.
프란스 드 발 저, 이충호 옮김,『동물의 생각에 관한 생각』, 세종, 2020.
피에르 부르디외.로익 바캉, 이상길 역,『성찰적 사회학으로의 초대(부르디외 사유의 지평)』, 그린비, 2015.
중앙SUNDAY, 2024.01.20-21, 20면, '희망과 두려움 교차하는 AI거대 물결'
중앙일보, 2024. 04. 23. 25면, 'AI전투기 조종사가 온다'
머니투데이, 2024.04.19, 13면, '관광객 필수코스 올영, 휴대용 번역기 도입'
머니투데이, 2024.04.24, 13면, 'AI통역·멤버십 도입외국인 모시는 百-잠실롯데에 13개국 번

역솔루션'

경향신문, '한국말로 안부 물었는데 "오겡끼데스까?"…갤S24 '라이브 통역' 써보니',

Dugsam Kim·Taesoo Kim·Kyung Ja Lee,「Discussion and Proposal of Alternatives for the Ecological Environment from a Daoist Perspective」,『Religions』 2024, Volume 15, Issue 2, 142. 1-18쪽.

https://www.khan.co.kr/it/mobile/article/202401241650001(2024년 1월 24일 검색).

경향신문, '머스크 "인간 능가하는 범용 AI, 내년에 나올 수도"',

https://m.khan.co.kr/world/america/article/202404092156015#c2b(2024년 4월 20일 검색).

AI Times, '범용인공지능(AGI)의공포',

https://www.aitimes.com/news/articleView.html?idxno=151182(2023년 5월 18일 검색).

초연결사회와 재난공동체: 도교적 사유와 디아스포라의 극복

김덕삼, 김태수

* 이 글은 2024년 8월에 『Religions』 2024, Volume 15, Issue 8, 987에 실린 글을 번역하여 수정한 것이다.

1. 재난공동체와 인류

공동체에 대한 정의는 다양하다. 심지어 "공동체는 '존재'하지 않는다."라는 주장까지 언급되고 있다.[1] 그러나 지구상에 있는 모든 개인은 부정적 의미의 귀속까지 포함해서, 어떤 공동체 혹은 집단에 완전히 귀속되지 않을 수 없다.[2]

인간은 누구나 어느 공동체에 속해 존재한다. 이에 따라 수많은 공동체가 생겨난다. 그 많은 공동체 가운데 오늘날 인류가 직면한 재난에 비추어 재난공동체(disaster community)를 생각해 볼 수 있겠다. 특히, 최근에 경험한 'COVID-19'와 같은 전염병을 통해서 인류는 서로가 긴밀하게 연결된 상태에서 커다란 재난에 함께 직면하고, 함께 힘을 합하여 막을 수밖에 없음을 직접 경험했다.

그런데 인류가 직면한 재난이 어디 이뿐일까? 기후 변화, 오존층 파괴, 소행성 충돌 및 심지어는 인간이 만든 인공지능의 위협 등 다양한 재난이 인류 공동체를 위협하고 있다. 그렇다면 현재의 인류 공동체를 재난공동체라 칭하는 것도 무리는 아니고, '재난공동체'라는 명칭은 시대적 요청에 부응한 시기적절한 용어라 말할 수 있겠다.

조금 구체적으로 재난공동체라고 명명한 이유를 정리하면, 첫째, 과거와 달라진 재난의 영향 때문이다. 재난의 발생과 피해 규모가 커지고 다양해졌다. 둘째, 달라진 재난에 대해, 공동체 전체가 대응할 필요가 증대되었다. 셋째, 이러한 이유로 재난에 함께 대응할 공동체

---

[1] 하르트무트 로자 외 저, 곽노완·한상원 역, 『공동체의 이론들』, 고양, 라움, 2019, 10쪽.
[2] 나카무라 유지로 저, 박철은 역, 『토포스- 장소의 철학』, 그린비, 2021, 85쪽,

의식이 더욱 중요해졌다.³

이러한 문제의식 속에, 본고에서는 재난공동체의 다양한 문제 가운데, 디아스포라(Diaspora)에 집중한다. 디아스포라는 'dia'와 'spero'가 지닌 '~너머'와 '씨를 뿌리다'의 의미가 결합하여, 자기가 살던 곳을 떠나 다른 곳에서 사는 사람들이나 그들이 머무는 거주지를 지칭한다. 대표적인 것이 팔레스타인을 떠난 유대인들이다. 물론 인도 계약 노동자에게 해당하는 '노동 디아스포라', 북한 탈북자에게 해당하는 '피해자 디아스포라', 교역을 목적으로 하는 '교역 디아스포라'를 비롯하여 특정한 민족이나 지역을 지칭하는 디아스포라도 있다.⁴

다양한 형태의 디아스포라에는 첫째, 본토를 떠나, 둘째, 본토보다 나은 곳을 찾아, 셋째, 이동한다는 공통점이 있다. 결국, 과거나 현재나 혹은 다양한 형태로 존재하는 디아스포라의 특징에는 '이동'이 있다.⁵ 특히, 교통과 통신이 발달하고 교역이 증대하는 오늘날 이동을 제한하기는 어렵고, 이러한 이동은 날로 확대될 것이기에 이동이라는 디아스포라의 특징은 더욱 두드러지게 나타날 것이다.

여기서, 과거와 다르게 이동의 영향을 크게 받는 디아스포라를 재난 그 자체라고 말할 수는 없다. 그러나 첫째, 많은 디아스포라의

---

3 김덕삼,「재난공동체와 영성 교육」,『한국학연구』85, 고려대학교 한국학연구소, 2023, 31쪽.
4 디아스포라의 발생원인이나 형태는 다양하다. 예를 들어 쿠바에 거주하는 한인들의 디아스포라 1세대는 1900년대 초 이주했다. 그때는 정치적 경제적 이유로 이주했고, 그 사이에 한국은 일제 강점기를 거쳐 한국 전쟁 이후, 남과 북으로 분단되었다. 쿠바의 한인은 귀국이 쉽지 않았고, 쿠바의 한인은 한국도 북한도 귀국이 간단하지 않았다.
5 예를 들면 이러한 이동, 이주에 주목한 글이 있다. "나는 이주 혹은 이민이 우리의 생활과 생각을 파고드는 모든 문제들을(정체성, 민족성, 종교, 애국심, 향수, 통합, 다문화주의, 안전, 테러, 인종 차별주의 등) 아우르는 대표적인 주제가 되었다고 생각한다. 이민 또는 이주는 역사적·문화적으로 매우 중요한 요소였기 때문이다. 자신이 이주민이든 아니든 결국 우리는 모두 이주민의 후예다." 샘 밀러(Sam Miller) 저·최정숙 역,『이주하는 인류(Migrants-The Story of Us All)』, 미래의 창, 2023, 8쪽. (Abacus (UK), 2023 출판)

원인이 재난과 관련이 있다는 사실과 둘째, 디아스포라로 인한 다른 공동체와의 마찰과 여기서 파생된 공동체 전체의 위협은 인류가 막아야 할 문제이자, 재난의 또 다른 불씨일 수 있다는 점을 생각해야 한다. 예를 들면, 디아스포라는 기후 환경의 변화와 전쟁 같은 재난으로 발생하기도 한다.[6]

재난의 문제는 확대된다. 그래서 이동하고, 어딘가 정착하고자 하는 것, 그 속에서 발생하는 문제는 공동체를 위협하는 재난으로 확대될 가능성이 크다. 오늘날 세계화와 교통의 발달로 이동이 자유롭고 편리해지면서,[7] 디아스포라로 지목하지 않는 일에서도, 디아스포라와 같은 충돌과 마찰이 더 많이 더 보편적으로 발생한다. 덩달아 공동체와 공동체의 갈등과 반목은 격화되고 있다.[8]

디아스포라는 개인이 아닌 공동체로 움직인다. 그리고 이 공동체가 마주하는, 때로는 이들을 막거나 핍박하는 또 다른 공동체가 존재한다. 어떤 면에서 디아스포라가 지닌 '이동'이라는 추진력에는 공동체와 공동체 간의 충돌과 갈등이 필연적이고, 이는 인류 공동체가 인정하고 대비해야 할 문제이다.[9]

---

[6] 시리아(Syria) 내전과 난민의 발생에서 원인의 원인을 추적하다 보면, 그들이 먹는 밀가루 가격의 폭등이 있고, 이는 러시아에서의 가뭄으로 밀 생산량이 줄어든 것이 연관되어 있다. 이처럼 디아스포라는 기후 환경의 변화나 전쟁으로 발생한 재난과 깊은 관련이 있다.
[7] 세계화 속에 국경은 허물어졌지만, 세계화가 모든 사람에게 똑같이 작용하지는 않았다. 올리비에 돌퓌스(Olivier Dollfus) 저, 최혜란 역, 『세계화』, 한울, 1998, 263쪽.
[8] 미국의 대선을 앞두고, 국경을 막는 태도에서 이러한 점이 발견된다. 이는 이민자가 주류가 되는 것을 두려워 하는 '거대 대체 이론(Great Replacement Theory)'과도 연관된다. 바이든 미국 대통령과 민주당은 이민에 유화적이었던 태도에서 보수적 방향으로 변하고 있다. 2023년 말 미국으로 불법 입국을 시도한 횟수가 증가하여 하루 1만 명을 넘어섰다고 한다.(중앙일보. 2024.02.14., 23면. "미국과 유럽 뒤흔드는 '이민갈등'...한국도 남의 일 아니다")
[9] 디아스포라는 이동이다. 비록 그 의미가 넓고 다양하게 사용되었어도, 그 중심에는 이동이 있다. 사람들은 이동을 통해 자신에게 적합한, 자신을 핍박하지 않을, 자신의

또한, 디아스포라의 이동은 이주민의 입장이 아닌, 원주민의 입장에서도 문제가 될 수 있다. 예를 들어 원주민들의 생계를 위협할 수도 있다. 제노포비아(Xenophobia)가 일어날 수도 있다. 낯선 것이나 이방인을 뜻하는 제노(xeno), 싫어한다는 포비아(phobia)를 담은 제노포비아는 인류 공동체에게 또 다른 재난의 싹이 될 수 있다. 제노포비아에 정치적 계산, 민족이나 이념 등 상관성이 적은 다른 가치가 결탁하여 더 큰 힘으로 작용하면 그 위험성은 더 커진다.

과거와 달리 오늘날 인류는 다양한 재난에 마주한 하나의 공동체이기에 함께 힘을 모을 필요가 있다. 이런 측면에서 디아스포라는 재난에 의해 발생하기도 하지만, 디아스포라의 핵심인 이동에 의해서라도 인류 공동체에 재난을 초래할 수 있다. 그러므로 서로 연결되어 있다는 입장에서 대응과 준비가 지금 필요하다.

이에 본문 2장에서는 재난공동체가 직면한 문제 가운데, 분절되어 각자의 공동체만 생각하는 것과 깊은 관련을 맺은 디아스포라에 주목하고, 이를 커다란 범주와 작은 범주의 디아스포라로 구분하여 고찰할 것이다. 그 이유는 다음과 같다. '초국가주의(transnationalism)'를 언급하는 『Nations Unbound-Transnational Projects, Postcolonial Predicaments and Deterritorialized Nation-States (경계 없는 국가)』류의[10] 책들에서는 국내의 이동과 국가 간의 이동을 다르게 본다. 전자의 경우를 자연스러운 것, 후자의 경우를 특별한 현상으

이로움을 얻으려 한다. 이동은 공간을 전제로 한다. 이 공간에서 저 공간으로 움직이기 때문이다. 이때 공간은 장소와 다르다. 나는 공간에 경험, 감정이 더하여진 것을 장소로 보았다. 그러기에 디아스포라의 이동에서, 각각의 공간에는 저마다의 장소가 가지는 가치의 충돌과 대립이 상존한다. 각자의 좋고 나쁨이 수시로 상충한다.
[10]   Linda Basch, Nina Glick Schiller, Cristina Szanton Blanc, Routledge, 1993, 356쪽.

로 본다. 사실 둘 사이에는 통하는 면이 많고, 국가의 규모와 상황에 따라 달리 생각해야 한다.

디아스포라를 국가에서 국가로의 이산으로만 국한할 수 없다. 지구에는 도시 정도 크기의 국가도 있고, 이러한 국가의 수십 수백 배 규모의 국가도 존재한다. 특히 문제가 되는 것은 중국과 같은 대규모 국가에서 벌어지는 도시와 농촌 간의 이산이다. 이 점에 주목하여, 본고에서는 국가 내에서의 디아스포라와 국가와 국가 사이에서의 디아스포라로 구분하여 논하겠다.[11]

이어 3장에서는 디아스포라의 문제점, 이것이 재난공동체가 힘을 합하여 대응할 문제라는 시각에서 도교의 연결 사상을 적용하여 방안을 찾고자 한다. 물론 재난과 종교의 문제에서 종교가 재난을 막는 데 순작용만 한 것은 아니다. 종교나 이에 준하는 이데올로기의 충돌이 합리적 대응을 막는 경우도 많았다.[12] 그러나 이것이 재난공동체의 위기 앞에서, 종교 특히 도교를 중심으로 재난에 대한 긍정적 역할을 부정할 근거가 되지는 못한다.

본고에서는 도교 사상이 지닌 다원주의적 성향을 통해 디아스포라의 문제를 조망하고, 나아가 도교 사상의 적용으로 '도(道)'와 '기(氣)'에 의한 '연결'을 강조함으로써, 재난공동체가 직면한 문제를 '연결 속에 협동'하여 풀어나갈 것을 주장하고자 한다.

이러한 문제의식 속에, 본고는 연구의 주요 대상을 중국으로 제한한다. 이유는 본고에서 해법으로 제시한 도교 사상의 발원지이자, 도

---

11 샹뱌오 저, 박우 역, 『경계를 넘는 공동체-베이징 저장촌 생활사』, 글항아리, 2024, 810쪽.
12 니얼 퍼거슨 저, 홍기빈 역, 『둠 재앙의 정치학-전 지구적 재앙은 인류에게 무엇을 남기는가』, 21세기북스, 2021, 49-54쪽.

교와 관련된 디아스포라 문제를 가장 두드러지게 볼 수 있는 지역이기 때문이다.

선행연구를 살펴보면, 본고에서 집중하는 문제, 즉 재난, 재난공동체, 디아스포라, 다원주의, 도교의 연결 사상, 중국을 함께 논한 연구는 없다. 대부분의 연구는 인류가 직면한 재난에 대한 연구,[13] 큰 범주와 작은 범주에서 다룬 디아스포라 연구, 도교의 연결 사상에 대한 연구 등으로,[14] 각각의 분야에서 미시적이고 매우 전문화되어 논의되었다. 예를 들어 보건의료에서의 재난을 종교의 '영성(spirituality)' 혹은 '영적 돌봄(spiritual care)'로 해결하고자 하는 연구처럼,[15] 종교에서도 특정 종교, 재난에서도 특정한 재난을 중심으로 연구가 진행되었다.[16]

본고에서는 이러한 연구를 거시적 관점에서 중국과 공동체를 중심으로 논하고자 한다. 물론 이러한 논의를 통해, 특정 국가나 지역의

---

[13] 재난에 대한 연구는 코로나19 발발이후 전염병을 중심으로 다양하게 연구되었다. 대표적으로 다음과 같은 책이 있다. 니컬러스 A. 크리스타키스(Nicholas A. Christakis) 저 · 홍한결 역, "신의 화살-작은 바이러스는 어떻게 우리의 모든 것을 바꿨는가 (Apollo's Arrow-The Profound and Enduring Impact of Coronavirus on the Way We Live)", 2021, 윌북, 1-546쪽; 토비 오드(Toby Ord) 저, 하인해 역, 『사피엔스의 멸망-벼랑세, 인류의 존재 위험과 미래(The Precipice-Existential Risk and the Future of Humanity)』, 서울: 로크 미디어, 2021. 1-516쪽.(Hachette Books Scotland, 2021)

[14] Dugsam Kim·Taesoo Kim·Kyung Ja Lee,「Discussion and Proposal of Alternatives for the Ecological Environment from a Daoist Perspective」,『Religions』2024, Volume 15, Issue 2, 142. 1-18쪽.

[15] 예를 들면 다음과 같은 논문들이 있다. Michael J. Balboni, and Tracy A. Balboni, Hostility to Hospitality, New York: Oxford University Press, 2019; Doug Oman, ed., Why Religion and Spirituality Matter for Public Health, Springer, 2018; Michael J. Balboni, and John R. Peteet, eds., Spirituality and Religion Within the Culture of Medicine, Oxford University Press, 2017; Mark Cobb, Christina M. Puchalski, and Bruce Rumbold, eds., Spirituality in Healthcare, New York: Oxford University Press, 2012; Harold G. Koenig, Medicine, Religion and Health, Templeton Press, 2008.

[16] 김덕삼,「재난공동체와 영성 교육(Disaster Community and Spirituality Education)」,『한국학연구』, 85, 고려대학교 한국학연구소, 2023, 29-57쪽.

옳고 그름을 따지려는 것은 아니다. 연구의 대상을 중국으로 잡았지만, 이 문제는 중국만의 문제가 아니라, 다른 국가에서도 다른 공동체에서도 양상과 형태만 달랐지 비슷한 방식으로 문제가 제기되고 있기 때문이다. 그러므로 한편으로는 본고에서 거론한 문제에 대하여, 각자가 사는 지역을 중심으로 해결 방안을 궁리해 보는 계기가 되기를 기대한다.

2. 재난공동체와 디아스포라

작은 범주의 디아스포라, (국가 내에서의) 도시 이주

작은 범주의 디아스포라는 지금 우리 각자가 사는 지역에서도 어렵지 않게 마주치게 된다. 중국의 수도 북경도 마찬가지이고, 이러한 특징은 북경만이 아니라 세계 각국의 대도시에서도 발견된다. 대부분의 대도시는 다양한 이유로 중층적 성격이나 이종성(異種性, heterogeneity)을 지니고 있다.[17] 이는 다른 사회적 문제와 연관되어 진화한

---

17 북경의 이러한 성격은 더 강하다. 북경은 몽고족의 수도였고, 명을 건국한 홍무제(洪武帝)가 택한 남경에서 영락제(永樂帝)는 북경으로 천도를 시행했다. 1441년 수도로 북경이 결정되었지만, 중원으로의 회귀가 지속적으로 거론되었다. 이민족의 수도가 한족의 수도가 되고, 남과 북을 연결하며, 화이(華夷)를 통합하면서, 이민족과 정주민을 연결하는 다양한 다름이 북경에 자리하게 되었다. 여기에 이민족인 만주족은 북경이 지닌 이러한 장소감을 계승하여 청왕조를 세웠다. 적어도 이러한 중층적성격이나 혼종성이나 다양성은 북경이라는 장소에 얼마 전까지 남아 북경에서의 경험과 장소감을 만들었다. 김덕삼, 이경자, 「장소와 경험의 상관성 탐구: 중국 북경 소수민족 공동체를 중심으로」, 『인문과 예술』, 2020, 93-94쪽.

다. 특히 도시의 발전을 쫓아 가난한 시골을 등지고 이주한 사람들의 문제에서 발견된다. 전지구적으로 도시화가 급격히 일어나고, 도시와 농촌의 격차가 커지면서 쉽게 발견되는 현상이다. 잘 사는 나라나 못 사는 나라나 도시로의 집중은 주거, 교통, 쓰레기 배출 등 다양한 문제를 일으키고, 지방의 공동화와 낙후함을 만들어, 공동체 전체를 재난에 빠트릴 가능성이 크다.

중국에서는 농촌에서 대도시로 이동하여 도시의 언저리를 겉도는 이들을 농민공(農民工)이라고 불렀다.[18] 이들의 존재가 대두한 것은 1989년 춘절 때이다. 당시 설을 쇠러 고향으로 가려고 기차역에 모이면서, 이들의 존재가 확인되었다. 그전까지 얼마나 있는지 파악조차 되지 않았던 농민공의 존재가 기차역에 한꺼번에 몰리면서 사회적 이슈로 떠올랐다. 농민공의 숫자는 1987년 1,910만 명, 2010년 2억 4,223만 명, 2014년 2억 7,395만 명, 2022년 말에는 2억 9,562만 명이다. 2021년 기준으로 중국 전체 도시 인구 9억 1,426만 명의 32%가 농민공이다.[19]

북경에는 안휘촌(安徽村), 하남촌(河南村), 절강촌(浙江村) 등처럼, 지방에서 수도 북경으로 올라와 동향 사람들이 만든 거주지가 있다. 그중에 일부는 철거되거나, 이런저런 이유로 사라졌다. 농민공 문제를 사회조사와 연결하여 조명한 『中國農民調査』가 2004년 인민문학출판

---

18 농민공이라는 칭호는 1990년대 등장했고, 이전에는 떠돌아다니는 사람을 통칭하여 맹류(盲流)라고 불렀다. 농민공은 구체적으로 구분하면, 농민공 자신의 호적 소재지인 향진(鄕鎭)에 거주하는 본지(本地)농민공이 있고, 여기를 벗어나 대도시에 거주하는 외지(外地)농민공이 있다. 거리의 차이는 있지만 모두 자신의 거주지를 떠나 '도시'로 '이동'한다는 것이 핵심이다.
19 国家统计局. 2023.4.28. "2022年农民工监测调查报告". http://www.stats.gov.cn/ (search data: 23 June 2023). 农民工监测调查报告는 중국 국가통계국이 농민공에 대한 자료를 매년 4월 발표한다.

사에서 출간되었다. 하지만 이 책은 출간 1달 만에 판매 금지되었다. 책이 가져올 파장이 클 것이라 예상했기 때문이다. 하지만 그럼에도 불구하고, 중국 사회에 해적판만 1,000만 부 정도 유통되었다고 한다.[20]

다른 방식으로 도시로의 이주가 주목받은 사건도 있었다. 2017년 11월 18일에 일어난 화재 사건이다. 화재는 외래인구가 밀집하여 집단 거주하는 북경의 대흥구(大興區) 신건촌(新建村)에서 일어났다. 화재로 19명이 사망하고 8명이 다쳤다. 사회적 관심이 집중되었고, 불안전한 거주지의 문제로 이와 비슷한 환경과 조건을 가진 북경의 쪽방촌 135곳이 철거되었다.

외래인구 문제와 관련하여, 수도 북경에 거주하는 외래인구를 특정하여 '북표(北漂)'라 불렀다. 북경(北)에 떠도(漂)는 사람이다.[21] 이들도 디아스포라의 이주민처럼 '문제인구'로 내몰리며 괄시와 비난의 대상이 되었다.[22] 국가와 국가의 관계도 그렇지만, 국가 내부의 다양한 공동체도 서로 연결되어 존재한다. 손바닥의 앞과 뒤를 구분할 수 없듯이, 서로 연결되어 존재한다. 이들 외래인구는 도시의 힘든 일을 도맡아 해왔다.

신건촌(新建村)의 사건에서도 이러한 '연결'의 파장은 여지없이 드러났다. 즉, 철거작업이 시작되자 거주지가 불안해진 이주민은 도시에

---

20 천구이디, 우춘타오 저, 박영철 역, 『중국 농민 르포(中國農民調査)』, 도서출판 길, 2014, 3-4쪽.
21 2021년 말 기준으로 북경시 인구는 2188.6만 명이다. 그 가운데 상주하는 외래인구는 38.1%로 834.8만 명이다.『北京市2021年國民經濟和社會發展統計公報』(발표시간 : 2022년 3월 1일), http://www.beijing.gov.cn
22 농민공이 주축을 이루는 북표는 도시의 '투명인간(invisible man)', '낯선 사람들(strange person)', 이등시민, 더 심하게는 저단인구(低端人口, low-end population)로 지칭되었다.

서 자신이 맡았던 일을 제대로 수행할 수 없었다. 택배, 건설, 기타 서비스업에 도미노처럼 연결된 문제가 발생했다. 구체적으로 외래인구 가운데 54.5%가 상업·음식서비스업에 종사하고, 건축업에 29%, 공업에 6.8% 종사한다. 다른 조사에서는 2005년 외래인구 355만 명 중 농민공은 310만 명(87%)에 달하며, 이들은 북경 건축노동자의 73%, 제조업의 10%를 차지하고 있다.[23]

2021년을 기준으로 중국 취업자의 39.2%가 농민공이었다. 제조업과 건설업이 포함된 2차산업에서 65.5%, 교통, 숙박, 배달, 의료, 도소매 등의 서비스업이 있는 3차산업에서 41.5%가 농민공이다.[24] 1세대 농민공은 제조업과 건설업 중심의 2차산업에 취업하였지만, 시간이 지나고 중국 경제가 발전하면서 3차산업에 종사하는 비율은 증가하고 있다.[25]

이러한 농민공의 역할은 중국 국내에만 국한되지 않는다. 2009년 타임즈(Times) 표지모델로 농민공이 등장했다. 이는 2008년 글로벌 금융위기에서 촉발된 세계 경제 위기를 극복하는 데 농민공의 역할이 컸음을 시사한다. 이러한 수치와 도시 이주민의 사회적 기여는 지금도 여전하고, 이는 중국 국내뿐만 아니라 선진국 대도시에 여러 직군에 종사하는 외국인 노동자의 존재 속에서도 발견된다.[26]

---

23   윤종석, 「베이징은 어떤 시민을 원하는가?-외래인구 사회관리와 2017년 '저단인구'퇴거 사건」, 『사회와 역사』, 2017, 55-76쪽.
24   国家统计局. 2023.4.28. "2022年农民工监测调查报告". http://www.stats.gov.cn/ (search data: 23 June 2023).
25   예를 들어 농민공 취업 비중이 2017년도에 1차산업 0.5%, 2차산업 51.5%, 3차산업 48%에서 2022년 1차산업 0.5%, 2차산업 47.8%, 3차산업 51.7%로 변하였다. 国家统计局 연도별 农民工监测调查报告 참고. http://www.stats.gov.cn/ (search data: 23 June 2023).
26   예를 들면, 한국의 1296개 요양병원에는 3만 4949명의 간병인이 근무한다. 이 가운데 46.4%에 해당하는 1만 6192명이 외국인이고, 이들 대부분이 중국동포 여성이다. 그래서

도시와 농촌의 갈등, 도시에서 농촌으로 옮겨 환대가 아닌, 질시와 혐오를 받는 작은 의미의 디아스포라는 세계 곳곳에서 사회문제가 되어왔다. 그러기에 이를 방치하면 더 큰 재난을 초래할 수 있다. 하나의 국가를 하나의 재난공동체로서 보고, 이에 대한 능동적이고 적극적인 대응이 요청되는 시점이다.

이미 디아스포라의 공동체는 정착하여, 기존의 사회 속에 경제를 포함한 새로운 연결망을 만들었다. 그래서 오랫동안 북경의 절강촌을 연구한 샹뱌오는 다음처럼 말했다. (북경에 자리 잡은 지방 사람들의 공동체는) "모두 외부 사회와의 충분한 상호작용을 거쳐 형성되었다. 이 형성은 인구 응집의 과정이지만 동시에 경제 연결망의 확장 과정이기도 하다."[27]

이동에서 갈등과 반목이 발생하지만, 결국 이들은 또 다른 새로운 연결 속에 공존의 방향을 찾았다. 이상적이거나 혹은 모두가 만족스러운 결과를 가져오지는 않았어도, 그들이 함께 사는 공간에서의 필요불가결한 관계를 만들고, 더 큰 재난을 막기 위한 공존의 방향으로 향하고 있음은 분명하다.

디아스포라를 통한 이동에 의해 발생한 원주민과 이주민의 공존은 그 관계가 가능함은 물론이고, 대도시를 포함한 현대사회를 구성하는 필요불가결한 요소임을 인정할 수밖에 없다. 이왕 이러한 방향성이 차선의 최선인 현실적 대안이라면, 이에 적합한 공존의 사상적 이론이 요청된다. 이에 다음 장에서는 도교의 연결 사상을 중심으로

중국 간병인 아니면 현 시스템이 5년도 못 버틸 것이라고 기사는 전한다.(중앙일보, 2023. 12. 27. 23면 "요양병원 떠받치는 중국동포 간병인…69곳엔 한국인 0명")
27 샹뱌오 저, 박우 역, 『경계를 넘는 공동체-베이징 저장촌 생활사』, 글항아리, 2024, 784쪽.

이러한 요청에 부응하고자 한다. 도교에서의 연결 사상과 실천 속에 디아스포라의 문제를 조금이나마 해결할 수 있다고 보기 때문이다.

큰 범주의 디아스포라, (국가와 국가 사이에서의) 이동

북경은 오래전부터 디아스포라와 유사한 외부인의 이동이 빈번하게 있었다. 지금이야 외국인을 명확하게 구분하여 논할 수 있지만, 원대(元代)와 청대(淸代)를 포함하여 과거 중국의 역사에서는 외국인과 외부인의 경계를 구분하는 것이 간단하지 않다.

현대의 국가 체계가 만들어진 것이 1648년의 웨스트팔리아 조약(Peace of Westphalia) 이후였고, 그 이후에도 국가 체계가 자리 잡는 데 오랜 시간이 걸렸다. 근대 이전의 역사는 보편적인 힘을 지닌 신이나 황제의 연대기였기에 국경이란 개념이 존재하지 않았다. 국경은 국민이라는 근대 특유의 공동 의식을 창출하기 위해 필요한 개념이었다.[28] 물론 중국의 역사가 오래되고, 중국이 차지한 영토가 컸던 것도 외국인과 외부인을 구분하기 간단치 않은 또 하나의 원인이라 할 수 있다.

현재 북경에는 중국의 소수민족인 회족(回族)이 거주하는 우가(牛街)가 있다. 지금이야 회족이 중국 소수민족의 하나이지만, 과거에도 그리고 지금도 이들이 거주했던 서역(西域)에는 이들과 닮은 혈통의 사람들이 세운 국가가 존재했다.[29]

---

28 세오 다쓰히코 저, 최재영 역, 『장안은 어떻게 세계의 수도가 되었나』, 황금가지, 2006, 22쪽.
29 이러한 측면에서 외국인과 외부인의 명확한 구분은 지금 본고에서 다룰 중심 논의

우가에 거주하는 회족은 최소 600년 전에 자신들이 살던 서역을 떠나 우가에 정착했다. 우가의 정신적 장소인 청진사(淸眞寺)는 지금부터 천년도 넘는 요(遼)나라 통화(統和) 14년(996년)에 세워졌다. 청진사는 중국 전통 양식의 건물에 세워진 회교 사원이다. 회교의 융화력도 돋보이지만, 이를 수용한 중국의 종교 문화도 돋보인다. 회족의 정착은 성공적이었다. 그래서 회족 출신 가운데, 정화(鄭和)같은 인물이 나올 수 있었다.[30]

회족이 거주하는 우가만이 아니라 위구르족이 북경에 거주했던 신강촌(新疆村)도 있다. 그 중에 위공촌(魏公村)은 철거되었다. 이밖에 국적이 다른 외국인이 거주하는 공간도 있다. 북경 중심에서 서북쪽에 위치한 망경(望京)의 코리아타운은 한국인이 북경에 거주하는 공간이다.[31] 일본 및 다른 외국인들이 함께 모여 거주하는 공간도 존재한다.

이처럼 과거와 달리 빠르고 전면적으로 진행되는 국가 간 이동, 그리고 그 결과 탄생한 정주 공간은 중국 북경에만 있지 않다. 세계 곳곳에 존재한다. 중국은 198개국에 약 6,000만 명 정도의 재외동포

사항이 아니기에 다음으로 미루겠다. 해외에 거주하는 중국인의 경우는 국적을 소지하면 화교(華僑), 거주국의 국적을 갖고 있거나 거주국에서 태어나고 자랐으면 화인(華人), 홍콩이나 마카오, 대만 사람의 경우는 동포(同胞)라고 부른다. 그리고 중국에서 해외에 거주하는 중국인과 중국계를 포함하여 교민(僑民)이라 칭한다.
30 심지어 명의 주원장과 왕후도 회족 출신이라는 주장도 있다. 회족의 주장은 주원장의 용모가 한족과 달랐고, 왕후의 성씨가 마씨이기 때문에 회족이었다고 한다.
31 이곳에는 조선족 도시공동체도 존재한다. 관련 연구는 다음과 같은 것들이 있다. 권태환, 2005,『중국 조선족 사회의 변화: 1990년대를 중심으로』, 서울대학교출판부; 예동근, 2010,「글로벌시대 중국의 체제전환과 도시종족 공동체 재형성-북경 왕징 코리아타운의 조선족 공동체 사례 연구」,『민족연구』43, 159-184쪽; 김혜련, 2012, 「초국가시대 조선족의 도시공동체에 관한 연구」, 전남대학교 세계한상문화연구단 국내학술회의.

가 살고 있다.[32] 중국인이 세계 각지에 세운 차이나타운도 예외는 아니다.[33] 물론 이는 고전적 의미의 디아스포라와 다르다. 하지만 이동과 정주라는 측면에서 통하고, 각각의 상황 이면에는 디아스포라의 역사가 오롯이 존재한다. 그 가운데 일부는 철도 노동자로 혹은 사탕수수 농장의 노동자로 이주한 '노동 디아스포라'가 자리하고 있다.

이주의 역사는 오늘날 세계 곳곳에 중국 사람들이 건립한 차이나타운의 모태가 되었다.[34] 곳곳의 차이나타운은 이주의 고통과 희생의 기반 위에 건립되었다. 물론 노동의 강도와 강제의 정도가 과거의 디아스포라와 같지 않지만, 여전히 지금도 노동을 위해 이동하고 정주한다. 결과적으로 디아스포라는 다른 종교와 사람을 수용하여 더 큰 공동체를 만들었다. 물론 시간이 지나면서 회족 전통문화의 위축과 파괴가 우가에서도 발견되는 것처럼, 다른 디아스포라의 문화도 전통과 현대, 원주민과 이주민의 문화접변 속에 변화할 것이다.

---

32 물론 이와 조금 다른 측면에서 19세기 중반 중국에 닥친 재난으로 굶주린 소작농, 노동자 등이 동남아시아의 서구 식민지로 이동한 것, 그리고 그들이 동남아시아에서 막강한 네트워크를 형성하고 있는 것을 비교해 볼 수 있겠다. Yeoh Kok Kheng(여콩콩). "Identity and Network of Chinese Diaspora in Southeast Asia with Special Reference to a Malaysian Case of Communal Economic Movement." 전남대학교 세계한상문화연구단 국제학술회의 2012.5 (2012): 285-335.

33 특히 동남아시아에 구축된 이러한 기반을 바탕으로 중국은 '아시아 운명공동체'를 구상하고 있다. 예를 들어 시진핑 중국 국가 주석은 2023년 12월 12일 1박 2일 일정으로 베트남을 방문했다. 중국 광서와 네트남 하노이를 연결하는 철도를 개선하거나, 운남성 곤명과 하이퐁의 교통 연결을 개선하고, 베트남의 과일 수입을 확대하는 등을 논의했다. 중국은 베트남을 비롯하여 아시아 국가와의 관계 개선을 통해, 운명공동체를 구축하고자 한다. (중앙일보, 2023.12.13. 20면. "6년만에 베트남 찾은 시진핑 '아시아 운명공동체 만들어야'")

34 반대로 중국의 조선족이 한국으로 이동하기도 했다. 1945년 해방 이후 200만 명 정도의 만주 조선인 중에 80만 명이 한국으로 왔다. 만주에 남은 사람들은 1952년에 연변조선족자치주를 세웠다. 그리고 1992년 한중 수교가 체결되고, 1993년에는 한국 3D산업의 인력난 해소를 위해 산업연수생제도가 시행되었고, 2007년에는 방문취업제가 시행되었다. 자연스레 많은 조선족이 한국으로 이동했다. 2022년 7월 기준으로 한국에 정착한 조선족을 포함한 중국인은 83만 명, 이외에 대만 여권을 소지한 사람도 2만 명 정도 더 있다.

큰 범주의 디아스포라라는 측면에서 이주와 관련한 중국의 역사를 되돌아보면, 중요한 하나의 특징이 발견된다. 발전 시기에는 개방적 자세를 취했다는 것이다. 개방했기에 발전한 것인지, 발전했기에 개방한 것인지 단정하기 어렵지만, 발전과 개방의 조화 속에 더 큰 발전을 이룬 것을 확인할 수 있다. 이러한 사례로 대표적인 것이 당대(唐代)이다. 당대도 개방적 자세와 발전이 딱히 무엇이 먼저이고, 무엇이 절대적인 동인이 되었다고 단정하기보다, 이들이 함께 진행되며 발전을 이끌었다고 보는 것이 맞을 것이다.

발전기의 당나라와 100만 명이 살았던 세계 최대의 도시 장안(長安), 여기에 이민족이 사는 것은 당연했고, 자연스레 개방과 포용이 자리했다. 이러한 특징은 다음처럼 몇 가지 측면에서 나타났다.[35]

첫째, 당대에 처음으로 외국인을 위한 과거시험인 빈공과(賓貢科)를 실시하였다. 당시 과거에 합격한 신라인은 최승우(崔承祐), 최언위(崔彦撝), 최치원(崔致遠) 등이 있었다.[36] 빈공과는 송대와 원대의 제과(制科)로 이어지다가 명대에 폐지됐다. 과거시험에 외국인을 할당할 정도로 당나라는 외국 문물에 대하여 개방적 자세를 취했다.

둘째, 외국 출신의 무사가 존재했다. 외국인이어도 당나라에서 무사가 될 수 있었다. 고선지(高仙芝)나 안녹산(安祿山) 같은 인물이 대표적이다. 황소(黃巢)의 난이 발발하면서, 소금을 판매하던 상인 조직은 돌궐과 위구르 병사를 채용하기도 했다.

35　당대의 특징은 다음의 논문을 참고했다. 김덕삼,「장이론을 통한 중국 민족사의 변화 탐구」, 인문과학연구, 47, 2022, 171-184.
36　송에는 김성적(金成績)·왕림(王琳)·최한(崔罕) 등의 고려인이 있었다. 원에는 안보(安輔)·안진(安震)·안축(安軸)·윤안지(尹安之)·이곡(李穀)·이색(李穡)·이인복(李仁復)·조렴(趙廉)·최해(崔瀣) 등이 있었다. 명에도 김도(金濤)가 합격했지만, 명은 얼마 되지 않아 빈공과를 폐지했다.

셋째, 내외국인에게 평등한 법률이 적용되었다. 외국인에게도 평등하게 법률이 적용되었고, 속지법주의와 속인법주의가 시행되었다. 심지어 불법으로 체류하는 외국인과 이민족에게도 당은 관대하게 대했다.

넷째, 북방민족의 문화를 포함하여 이민족의 문화를 전방위적으로 수용하여 실천했다. 예를 들어, 당대 내관의 1/5을 차지하며 과학기술과 예술 방면을 주로 담당하는 직관(直官)은 북위시대 관료 조직에 그 기원을 두고 있는데, 이는 관직을 직책에 따라 세분한 유목 왕조의 영향을 받은 것이다. 수와 당의 부병제(府兵制)에도 유목민족의 전통이 있다.[37] 또한, 유목 문화에서 여성의 권리를 존중했던 것과 중국 최초의 여성 황제인 측천무후(則天武后)에 대한 당의 유연한 태도도 상관성이 있다.

다섯째, 당의 수도 장안의 궁궐 배치도를 보면, 서역 상인 거주 구역이 별도로 있었을 정도로 이민족의 이동과 거주에 개방적이었다. 실크로드와 연결된 장안에 다양한 지역 출신의 사람이 모이는 것은 자연스러웠다. 북방민족, 신라와 일본인 등이 장안에 모였고, 이들의 직업도 학생, 무사, 상인, 승려, 예술가 등으로 다양했다. 물론 이 가운데 불법으로 체류하는 이민족도 많았다. 이처럼 당은 이민족과 외지인들이 함께 사는 상황을 잘 이끌면서, 이를 국가 발전의 동력으로 삼았다.

여섯째, 당은 모든 종교 가운데 도교를 가장 높은 위치에 두면서, 유교와 불교를 존중했고, 삼이교(三夷敎)라던 마니교, 경교, 조로아스터교도 수용하였다. 이처럼 당은 자신의 문화에 이교도의 문물을 수

---

37 박한제 외, 『아틀라스 중국사』, 사계절, 2016, 63쪽.

용하여 국제적인 문화를 창조했다. 이에 힘입어 당은 경제와 학문의 세계적 중심지로 자리 잡았고, 동시에 한자와 율령을 비롯하여 종교와 사상도 주변국과 공유하며 당나라의 영향을 넓혔다.

당왕조의 이민족에 대한 개방적 자세는 문화적 자신감과 국력에 더하여 도교 특유의 개방적 사상의 영향도 작용하였다. 당은 다원주의적 요소가 발화한 지점으로서 타 종교와 사상 및 다른 민족과 국가에 대한 개방적 수용의 자세를 취했다. 특히, 당에서 발전한 도교의 사상에도 다원주의에 기초한 수용과 포용이 있기에 디아스포라의 문제에도 긍정적 자세를 취할 수 있었다. 이에 대해서는 다음 장에서 조금 구체적으로 논하겠다.

3. 디아스포라의 극복과 도교 연결 사상의 적용

도교의 다원주의적 성향과 디아스포라

중국 역사에서 도교는 디아스포라의 문제 해결에 기여한 바가 없는 것처럼 보일 수 있다. 그러나 디아스포라는 용어와 개념상 현대적이고 서구 학문의 개념이다. 중국의 역사는 다양한 민족과 국가의 이합집산(離合集散)으로 점철되어 있다. 그 속에서 디아스포라의 핵심 개념 '이동'은 비일비재했다. 그럼 다시 생각해 보자. 디아스포라에 있어 도교는 어떠한 자세와 태도를 취했는가? 그리고 이에 대한 사상은 어떠했는가?

역사를 보면, 공동체 내부의 평화도 중요하지만, 공동체가 가지는 공동체 내부의 결속력으로 인한 외부와의 평화도 중요하다. 그래서 강한 결속력의 공동체보다 느슨한 공동체, 열린 공동체가 중요했다. 그래서 강한 결속력의 닫힌 공동체보다는 상대적으로 느슨하고 열린 공동체가 주목받았다. 여기서는 타자에 대한 인정이 필수적이다. 이러한 측면에서 도교의 개방적 성향은 디아스포라 문제를 극복하는 열린, 포용의, 나아가 환대의 모습을 내재하고 있다. 특히, 디아스포라의 문제 해결에서 필요한 정신은 '수용과 화합의 개방 정신'과 '불쌍한 사람을 돕는 정신'이다. 도교에는 이 두 가지 정신이 곳곳에 내재해 있다.[38]

첫째, 도교 문화가 가진 수용과 화합의 개방 정신과 실천이다. 이는 도교의 다양한 문화에서 찾을 수 있다. 먼저 도교의 전적(典籍)이 그러하고, 다음으로는 도교의 신들과 사상이 그러하다. 도교의 경전, 신, 사상에서 수용한 다른 종교의 문화는 많았다. 도교는 놀라운 흡입력으로 다른 종교 문화를 수용했는데, 여기에는 유교, 불교를 비롯하여 음양, 귀신, 민간 신앙 등까지 두루 포함된다.

둘째, 불쌍한 사람을 돕는 정신이다. 이는 도교의 가치 가운데 '생명의 가치'를 중시하고 '실천역행'을 강조하는 정신과 일치한다. 이러한 정신은 모종감(牟鍾鑒)의 글에서도 발견되지만, 다른 많은 도교 학자의 글에서도 어렵지 않게 확인할 수 있다. 예를 들어 사로군(謝路軍)

---

38 물론 도교의 정신은 이밖에 다양한 측면에서 논의될 수 있다. 모종감(牟鍾鑒)은 도교의 정신을 다음처럼 보았다. 첫째, 수용하여 합하는 정신(容納匯合), 둘째, 자연의 순리에 도전하는 정신(抗命逆修), 셋째, 실천에 매진하는 정신(實踐力行), 넷째, 세상을 구하는 정신(救人濟世), 다섯째, 욕심이 없고 사소한 일에 얽매이지 않는 정신(恬淡通脫) 등이다. 牟鍾鑒, 『走近中國精神』, 北京: 華文出版社, 1999, pp 134-148.

도 도교의 사상적 특징을 생명 중시와 실천역행, 이상사회 구축, 변증법적 사유 등으로 정리했다.[39] 이는 공붕정(龔鵬程)의 글에서도 나타난다. 그는 『태평경(太平經)』의 "천도는 죽음을 싫어하고 생을 좋아한다. 天道惡殺好生"나 『태상노군내관경(太上老君內觀經)』의 "도는 보이지 않으니, 생명으로서 도를 드러낸다. 생명은 영원하지 않으니, 도로서 생명을 지킨다. 만약 생명이 멸하면 도는 폐하고, 도가 폐하면 생명은 멸한다. 道不可見, 因生以明之. 生不可常, 用道以守之. 若生亡則道廢, 道廢則生亡" 등의 문헌을 들어 도교의 생명 중시를 지적했다.[40]

이처럼 도교에서 생명을 중시하는 것은 불로장수(不老長壽)와 신선이 되려는 열망이 반영되어 개인의 생명을 중시하는 차원을 넘어, 타자와 다른 생명체에게까지 확장된다.

도교의 가치와 이를 표출한 계율이 어려운 형편의 사람을 돕고 함께 살아가는 것을 추구한다. 도교의 계율에는 인류가 보편적으로 지켜야 할 도리를 담고 있다. 그중에 디아스포라와 관련하여 주목할 것은 욕심을 내지 말고, 어려운 처지에 있는 사람을 도우라는 것이다. 예를 들면, 초진십계(初眞十戒)의 여덟 번째, "끝없이 욕심내지 말라(不得貪求无厌)". 원시천존십계(元始天尊十戒)의 제 칠계 "외롭고 가난한 자를 속이지 말고, 남의 재물을 빼앗지 말라(不得欺凌弧貧, 夺人財物)"가 있다.[41] 노군이십칠계(老君二十七戒)에도 무욕을 행하고 만족을 알며, 전쟁을 즐기지 말라고 말한다.[42]

또한, 도교의 윤리도덕에 중요한 권선서(勸善書)에도 디아스포라

---

39 謝路軍,『中國道敎文化』, 北京: 九州出版社, 2008, pp. 55-58.
40 龔鵬程,『道敎新論』, 北京: 北京大學出版社, 2009, p. 25.
41 于民雄,『道敎文化槪說』, 貴州人民出版社, 1991, 171-172쪽,
42 于民雄,『道敎文化槪說』, 貴州人民出版社, 1991, 172-173쪽,

를 극복하고 공동체에 도움이 되는 글귀가 다음처럼 적혀 있다.『태상감응편(太上感應篇)』에는 선은 선으로 보답하고 악은 악으로 보답한다고 가르친다. 마찬가지로 선을 행하고 덕을 쌓으면 하늘의 보호를 받는다고 말하고, 다른 사람의 급한 것을 구제하고, 다른 사람의 위험을 구하는 것을 요청한다.『문창제군음즐문(文昌帝君陰騭文)』에도 가난한 자를 불쌍히 여기라고 말하고,『태미선군공과격(太微仙君功過格)』에는 선한 행동과 악한 행동을 언급하는데, 그 가운데 의사가 중병인 사람을 구하거나, 가축과 짐승의 생명을 구하면 공(功)을 얻는다고 말한다.[43]

이처럼 도교 문화가 지닌 두 가지 즉, 수용과 화합의 개방 정신, 어려운 자를 불쌍히 여기고 도와주는 마음과 행동은 공동체의 발전과 디아스포라의 상처를 치유하는 데 중요하다. 이러한 측면에서 앞에서 잠시 언급한 당대의 개방적 사회 분위기와 당대의 발전은 공교롭게 맞아떨어진다. 그리고 이는 당대 도교의 발전과 맞물려 생각해 볼 수 있다.

당대의 통치 권력은 그 어느 왕조보다 도교와 긴밀한 관계를 맺고 있었다. 이를 통해 도교가 당대 정치에 많은 영향을 미쳤음을 알 수 있다. 당은 도교의 교주 노자(老子)가 당나라 이씨 왕조의 태조라는 신화를 만들었다. 개국 황제 이연부터 만들어진 이러한 신화는 후대 황제에게 계속 이어졌고, 이는 도교를 당나라의 국교(國敎) 수준으로 올려놓았다.

황제 가운데, 현종(玄宗)은 도교에 깊은 애정을 가졌다. 그래서 현종 때에는 모든 경전 가운데『도덕경』을 맨 앞에 두었고, 각 가정에

---

43 于民雄,『道教文化概說』, 貴州人民出版社, 1991, 175-178쪽.

『도덕경』을 1권씩 소장하도록 했다. 심지어 무종(武宗) 이염(李炎)은 회창법란(會昌法亂)처럼 불교를 탄압하면서까지 도교의 발전을 모색하였다.

또한 태종(太宗), 고종(高宗), 현종 등 많은 황제는 도교에서 만든 금단(金丹)을 복용하기까지 했는데, 이러한 일들에서 당대 황제들의 도교에 대한 믿음과 애정을 엿볼 수 있다. 이러한 이유로 도교의 사상과 문화가 당나라 사회 전반에 커다란 영향을 주었음을 알 수 있다.

앞서 언급한 도교의 수용과 화합의 개방 정신과 불쌍한 사람을 돕는 정신은 공자가 주창한 화이부동(和而不同)에도 나타나지만, 도교의 사상적 중추인 노자와 장자에서 강조하는 도를 기초로 한 다양성의 이해에서, 그 깊이와 폭이 더 깊고 넓어진다.

도교의 이러한 면모는 닫히고 강한 결속력의 공동체를 넘어, 디아스포라의 문제를 다소 누그러뜨릴 느슨하고 열려있으며, 다른 것들과의 연결 속에 존재함을 인정하는 중요한 사상적 토대가 된다. 물론 이는 다원주의에도 기여하는 바가 많다. 일반적으로 다원주의는 나와 다른 사상이나 문화와도 공존할 수 있다고 생각하며, 함께 행동할 가치를 고민한다.

이러한 맥락에서, 디아스포라와 다원주의는 함께 거론할 필요가 있다. 즉, 다원주의적 사고를 기초로 디아스포라에 개방적 태도를 실현할 수 있다. 디아스포라는 이산으로, 자신의 주거지를 떠나 다른 곳으로 떠도는 것이다. 다른 공동체에서 자신들을 환영해주지 않는다면 계속 떠돌며, 디아스포라를 멈출 수 없다.

반면에 디아스포라를 수용해야 할 공동체가 다원주의적 성향을 갖는다면, 이주하는 공동체는 디아스포라를 멈추고, 그 공동체 안에 새로운 안식처를 청하기가 수월해진다. 이는 개방적 사고에 기초한다. 도교는 개방적 사고에 기초하기에 불교와 도교의 사상을 수용하고, 다른 이념과 종교의 장점을 받아들였다.

도교의 사상을 특히 도가의 노자와 장자의 사상을 상대주의로 생각하는 경우도 있지만, 정확하게 말한다면, 이는 상대주의보다 다원주의에 가깝다. 왜냐하면, 이들의 사상에서 상대성을 강조하지만, 그 상대성의 기저에는 도(道)라는 절대적 개념이 내재하고 있기 때문이다.

도교에서는 도에 기초하지 않은 상대성은 생각할 수 없다. 도 안에서 세상 만물은 상대적이다. 그러므로 도교에서 말하는 도는 편협하거나 폐쇄적 성향을 지닌 것이 아니다. 도의 의미가 보편적 성향을 갖고 있으면서, 열려있는 구조를 만들기 때문이다. 이러한 사상은 도교에서 앞서 언급한 개방적 정신과 불쌍한 사람을 돕는 정신으로 표출된다.

도교 사상의 적용, 도와 기에 의한 연결

중국 역사와 분리할 수 없는 도교는 사회적으로 기여한 바가 많다. 하지만 상황이 변했다. 작금의 재난공동체는 과거와 다르게 지리적 경계가 약해지고, 이동이 활발하게 일어나고, 환대보다는 혐오가 세상을 지배하고 있다. 그러므로 변화한 현대 사회의 요구에 맞게 도교의 사상을 창조적으로 적용해야 한다.

도교에 기초하여 창조적으로 적용할 사상은 앞서 강조하며 언급한 것을 응축한다. 즉, "도에 기초하여 다양성을 인정하지만, 각각의 존재는 연결되어 있음을 자각함"이다. 여기서 "도에 기초한 다양성의 인정"은 다원주의의 바탕이 되고, "각각의 존재가 연결됨"은 디아스포라 문제를 해결하는 실천 사상이 된다. 그래서 이것은 인류 공동체가 직면한 다양한 재난을 슬기롭게 극복할 방안으로 확장된다. 이러한 측면에서 니컬러스 A. 크리스타키스는 『신의 화살』 에필로그에서 다음과 같이 말했다.

"범유행과 관련해 풀어야 할 과제들은 상당수가-국제 협력의 필요성, 인접국 간 비용 부담 문제, 과학에 기반한 전문가의 의견 존중, 복잡한 정치적 요인 등-기후변화와 관련된 과제이기도 하다."[44]

비록 기후변화를 경고하고 있지만, 본질적 핵심은 재난공동체가 재난을 예방하고 극복하는 문제에 대한 협력이다. 기후변화도 협력 속에 예방하고 대처할 수 있으며, 범유행도 협력 속에 대처할 수 있다. 이러한 협력의 유도에는 공동체 모두가 연결되어 있다는 자각이 있어야 한다. 연결되어 있다는 자각 속에 위험을 협력하여 예방하고 막을 수 있다.

도교 사상에 기초하여 생각한다면, 도교는 인간이 만든 차별과 배제를 되묻고, 도의 입장에서 다름을 포용하려는 이상을 실천하고자 노력한다. 이는 디아스포라의 문제에도 그대로 적용된다. 이론적으로 다름을 배제할 이유와 근거가 없다. 이에 대한 이론적 근거는 도교

---

44 니컬러스 A. 크리스타키스(Nicholas A. Christakis) 저ㆍ홍한결 역, 『신의 화살-작은 바이러스는 어떻게 우리의 모든 것을 바꿨는가』, 2021, 월북, 483쪽.

의 사상에서 체계적으로 구체화 된다. 바로 도에 기초한 사상과 여기서 확장된 기를 기초로 한 연결이다. 조금 구체적으로 알아보면 다음과 같다.

첫째, 도에 기초한 사상이다. 도가와 도교라는 명칭에 '도'가 있는 것처럼, 이들 사상의 핵심에는 도가 자리한다.[45] 도교는 도에 기초하여 세상 만물을 보고 판단한다. 그러므로 도교의 모든 경전에서 '도'를 다루고 논하는 것은 당연하다. 그 가운데 대표적인 『노자(老子)』 즉, 『도덕경(道德經)』은 대표적으로 '도'를 강조한다.

도에 대한 설명은 다양하지만, 『노자』 25장에 나오는 '도법자연(道法自然)'이나 42장에서 강조한 도에서 만물이 나온다는 '도화생만물(道化生萬物)'[46]은 도의 본질적 성격을 설명한다.

도가 갖는 특징은 디아스포라 문제에도 바로 적용된다. 앞서 디아스포라를 논하며 제노포비아(Xenophobia)를 언급했다. 도가 아닌 현실적 관점에서 보면, 디아스포라는 딜레마에 빠진다. 즉, 이주자를 수용하면 수많은 이주자가 올 것이고, 해당 지역은 매우 혼란스러워질 것이다. 그렇다고 이주자를 거부한다면 이주자는 끝없이 떠도는 삶을 살게 될 것이다. 이러한 딜레마의 상황에서 도교는 도라는 본질적 잣대로 접근을 하며, 각자의 욕망을 되돌아보며, 그 욕망을 조금씩 내려놓게 유도한다. 각자 목전의 이익 추구에서 벗어나, 도의 가르침 속에, 보다 본질적이고, 너와 나를 아우르는 공존의 혜안을 제시한다.

자신만 생각하는 이익에서 벗어나 공동체 전체를 생각하며, 무엇이 바람직한지, 궁극적으로 무엇을 추구할 것인지, 도는 되묻는다. 도

---

45 김덕삼, 『中國 道家史 序說 1』, 서울: 景仁文化社, 2004, pp. 68-72.
46 『노자』 42장; "道生一, 一生二, 二生三, 三生万物" 陈鼓应, 『老子今注今译』[M].北京: 商务印书馆, 2003, 235쪽.

는 우주의 법칙이고 운행의 규칙이며, 세상을 움직이는 원리이다. 보다 적극적으로 근본적이고 본질적인 도의 측면에서 보면, 세상의 구분과 차별의 경계를 넘어설 수 있는 혜안을 갖게 된다. 그래서『장자』에서는 단도직입적으로 다음처럼 주장한다.

"도로서 사물을 보면, 사물에는 귀하고 천함이 없다."[47]

각자의 장에서 떠들었던 주장과 욕망이, 도로서 본질의 측면에서 본다면, 너와 나의 입장을 아우르는 더 큰 공동체의 장 속에서 문제를 조망하게 되고, 그 속에서 해결의 실마리를 찾을 수 있다.

물론 도에 기초한 생각과 실천이 모든 문제를 해결하는 것이 아니다. 그 속에서 생사소멸의 변화를 겪는 것도 자연이연(自然而然)한 일이다. 심지어 디아스포라의 과정도, 결국 적은 것은 많은 것에 희석되어 사라지고, 새로움은 낡은 것을 덮는 자연이연의 과정을 겪을 것이다. 문제는 도의 본질적 논의를 어떻게 실천하며 조화로운 삶을 유지하고, 막대하게 닥쳐올 재난을 막으며 어떻게 공존할 수 있느냐에 대한 방법에 집중된다.

도, 본질에 대한 성찰과 이해는 도에 기초하여 세상은 연결되어 있다는 보다 구체적인 다음의 사상을 통해 현실적으로 실천할 근거를 마련할 수 있다. 즉, 도는 기에 의해서 보다 구체적이고 실천적인 작용을 할 수 있다.

둘째, 도에 기초하여, 세상은 연결되어 있다는 사상이다. 앞에서

---

47 『장자』추수(秋水): "以道觀之, 物無貴賤." (陳鼓應.『莊子今注今譯』. 北京中華書局, 1994, p. 420).

언급한 『노자』와 『장자』는 물론이거니와 여기서 출발한 다른 경전에도 도에 기초한 연결 사상을 언급한다. 먼저 『장자』를 보면,

"사물은 저것이 되지 않는 것이 없고, 사물은 이것이 되지 않는 것이 없다. 저것은 저것으로 드러나지 않아도, 이것으로 저것을 알 수 있다. 그러므로 저것은 이것에서 나오고, 이것은 저것에서 말미암는다고 말할 수 있다."48

각자 자신의 장에서만 생각하면 다름과 차이만 보인다. 하지만 도의 입장에서 보면, 각자는 하나로 연결된다. 자연스레 공동체 의식이 요청된다. 이러한 사상은 『황정내경옥경주(黃庭內景玉經註)』에서 확장된다. 오행순환에 기대어 세상 만물의 연결을 언급한다.

"오행은 수, 화, 금, 목, 토를 말한다. 서로 받든다. 수는 목을 낳고, 목은 화를 낳고, 화는 토를 낳고, 토는 금을 낳고, 금은 수를 낳고, 수는 다시 목을 낳고, 두루 돌아 시작한다; 또한 서로 깎아낸다. 수는 화를 깎아내고, 화는 금을 깎아내며, 금은 목을 깎아내고, 목은 토를 깎아내고, 토는 수를, 수는 화를 깎아내며, 두루 돌아 시작한다. 서로 받드는 도다. 일(一)로 되돌아가니, 수의 수이고, 오행의 도니 이내 만물의 우두머리이다."49

---

48 "物无非彼 物无非是 自彼則不見 自是則知之 故曰 彼出於是 是亦因彼"『장자』제물론(齊物論). (陳鼓應,『莊子今注今譯』. 北京中華書局, 1994, p. 54).
49 "五行謂水, 火, 金, 木, 土. 相推者, 水生木, 木生火, 火生土, 土生金, 金生水, 水又生木, 周而復始; 又相刻法; 水刻火, 火刻金, 金刻木, 木刻土, 土刻水, 水刻火, 周而復始; 相推之道也. 反歸一者, 水數也, 五行之道, 乃物之宗". 梁丘子,『黃庭內景玉經』[M],『道藏』第 6 冊 [M]. 北京: 文物出版社, 上海: 上海書店, 天津古籍出版社, 1988, 533쪽.

이러한 연결이기에, 오행의 작은 순환은 상극으로 보이지만, 결국 큰 순환으로 보면 상극으로 인하여 상생이 된다. 도의 입장에서 보면 다름이 아니다. 각기 다른 존재로서 그 역할을 각자 조화롭게 잘하여, 무언가를 만드는 『노자』 2장의 '상반상성(相反相成)'이 가능한 것이다. 이러한 생각에는 세상은 도에 기초하여 하나로 연결되어 있다는 철학이 깔려 있다.[50]

이는 기의 이합집산(離合集散)에 의해 생(生)과 사(死)가 결정되는 것처럼, 핵심은 기에 있지만, 그보다 기가 '어떻게 연결'되어 있느냐에 방점을 찍어야 할 것이다. 그래서 이는 현대 과학에도 그대로 적용된다. 물질을 이루는 원자도 중요하지만, 물질을 이루는 원자들의 연결에 따라 기체, 액체, 고체로 달라진다. 그래서 "중요한 것은 물질을 이루는 부분들의 성질이 아니라 그것들의 조직과 패턴과 형태라는 것이 현대 물리학의 교훈"이라는 말을 이해할 수 있다.[51] 연결은 그래서 중요하다.

일부 공동체주의자들이 오늘날, 느슨한 공동체를 주장하기도 하지만, 공동체의 경계를 넘어 세상 만물이 서로 연결되어 있다는 도가의 사상에 기초하여 상생할 수 있는 방향을 추구하는 것은 이러한 주장을 뒷받침하는 중요한 사상적 토대이다. 이를 통해 도교의 다양성을 조화하는 열린 관계론의 실천으로 나아갈 수 있다.

인류가 직면한 재난에서, 공동체 전체를 생각하며 도를 토대로 한 본질에 대한 성찰과 이에 기초한 행동이 요청된다. 하지만, 이러

---

50 이러한 논의는 다음을 참고할 필요가 있다. Dugsam Kim·Taesoo Kim·Kyung Ja Lee,「Discussion and Proposal of Alternatives for the Ecological Environment from a Daoist Perspective」,『Religions』2024, Volume 15, Issue 2, 142, pp.4-10.
51 마크 뷰캐넌 저, 김희봉 옮김,『사회적 원자』, 사이언스북스, 2014, 25쪽.

한 생각에까지 미치기 어렵다면, 기에 기초한 만물의 연결을 생각하며, 너와 내가 연결되어 있음을 기초로, 나와 다른 것에 대한, 나의 장을 넘어선 다른 장의 것에 대한, 인간이 지닌 한계로서 나의 장 너머의 것의 존재에 대한, 그리고 본고에서 논의하는 떠도는 디아스포라에 대한 최소한의 도리를 행할 수 있을 것이다.

국소적이고 미시적인 부분에서는 면밀하게 따져보아야 하겠지만, 전체적이고 맥락적인 관점에서 도교는 도와 기에 기초한 사상을 토대로, 단순히 디아스포라의 문제만이 아니라, 생활 전반에 걸쳐 '사사로운 욕망을 줄임 (少私寡欲)'이나 '만물과의 소통(融通萬有)'을 실천한다.

이러한 사상은 앞서 언급한 도교의 계율에도 나타나지만, 개인과 개인이 어울려 사는 공동체에서 지켜야 할 중요한 덕목에 작용하여, 일상생활에서 나와 다른 것을 수용하고 인정할 뿐만 아니라, 함께 나누고 함께 즐겨야 할 근거로 작동한다. 그 속에 디아스포라의 문제나 다원주의적 실천이 가능해진다.

연결의 사상은 재난공동체를 위협할 재난을 예방하고, 발생한 재난을 치유할 실천의 이론적 토대가 된다. 1900년대 이후, 스페인독감을 비롯하여, H2N2아시아 독감, H3N2홍콩독감, 사스, H1N1 신종플루, 에볼라, 메르스, 지카 등 멈추지 않는 팬데믹의 굴레는 자연이 인류에게 주는 재난이 아닌 인과관계의 당연한 결과로 만들어진 재난이었다.

서로 연결되어 있다는 인식과 실천은 범유행과 같은 재난뿐만 아니라, 디아스포라의 발생을 예방하고, 디아스포라의 상처를 포용하며 치유할 수 있다.

물론 연결에 대한 사상은 도교에만 존재하는 것이 아니다. 불교는 물론이거니와 현대의 서양 지식인들도 연결에 대한 사상을 중시하며 관심을 갖는다. 예를 들면, 생물학에서 말하는 종들은 포식자-희생자, 초식동물-식물, 숙주-기생충과 같은 '영양'의 상호작용으로 서로 연결되어 있음을 말할 수 있다.[52] 이는 조금 더 과학적인 설명으로, 다음처럼 우리가 세상 만물과 연결되어 있음을 말할 수 있다.

"원자적 관점에서 보면 인간은 공기가 응축된 경이롭고 복잡한 덩어리다. 따라서 대기의 성분이 변하면 우리 몸의 성분도 바뀐다는 것은 지극히 당연한 일이다."[53]

현대 과학에서 말하는 원자를 '기'로 바꾸어 생각하면, 도교의 사상을 현대적으로 이해할 수 있다. 도교에서 주장하는 것처럼 기의 이합집산 속에 생(生)과 멸(滅)이 만들어지는 이치와 닮았다. 그러므로, 이러한 이치를 인류와 공동체에 접목했을 때, "독립된 자아라는 주관적인 환상을 깨고 세상에 미치는 우리의 영향을 책임질 방법을 찾아야 한다."며[54] 개인만이 아닌, 공동체 모두를 생각하는 주장을 할 수 있다.

도교에서의 주장은 보다 정교하고 보편적이다. 도와 기에 의한 연결은 단순히 자신만의 세계와 공동체 안에서의 연결에만 함몰되지 않는다. 이유는 우주의 원칙인 도를 전제하기 때문이다. 도를 기초로 세상 만물은 연결되어 있고, 나의 공동체도 너의 공동체와 연결되어 있음을 인지한다. 그래서 다음과 같은 우려를 대처할 수 있다.

---

52 톰 올리버 저, 『우리는 연결되어 있다』, 권은현 역, 서울: 브론스테인, 2022, 128쪽.
53 커트 스테이저 저, 『원자, 인간을 완성하다』, 김학영 역, 서울: 반니, 2014, 134쪽.
54 톰 올리버 저, 『우리는 연결되어 있다』, 권은현 역, 서울: 브론스테인, 2022, 284쪽.

실제로 사람들이 생각하는 정의가 미치는 영역은 한계선이 있다. 어떤 경계를 중심으로 정의의 영역 안에 있는 사람들은 존중받아 마땅하다고 공정한 분배가 이루어져야 한다고 생각한다. 하지만 그 영역 밖에 있는 사람들은 적으로 생각되거나 비인간화되고 잔인하게 대해도 된다고 느낀다. (중략) 모튼 도이치는 정의의 범위가 자신이 소속된 '도덕적 공동체'의 경계를 따라 형성된다고 설명한다.[55]

우리는 이러한 염려가 어디서 어떻게 표출되었는지 잘 알고 있다. 이미 인류의 오랜 역사 속에 발견되기 때문이다. '집단 착각(Collective Illusions)'에 빠진 각각의 공동체는 자신들의 착각 속 믿음에 따라 서로 싸우고 다툰다.[56] 이러한 인류의 과거라면, 그 속에서 디아스포라는 종식되기 어렵다. 이는 모튼 도이치의 지적처럼, 정의의 범위가 자신이 소속된 '도덕적 공동체'의 경계를 따라 형성되었기 때문이다.[57] 또는 보다 본질적으로, 인간으로서의 한계를 갖고 있기 때문이다. 인간은 누구나 각자의 장에 푹 빠져, 장 밖의 장, 장 너머의 장을 생각하지 못하는 한계를 명백하게 지니고 있다.[58]

이처럼 사고에는 한계가 있지만, 그럼에도 불구하고 우리는 본질, 도교의 도에 대한 사고를 토대로 그 한계를 극복하고자 노력해야 한다. 그렇지 못할 때, 우리는 제국주의 시대에 제국의 논리에 갇혀 제국주의가 식민지를 찬탈한 것처럼, 혹은 인간중심주의 사고에 빠져 인류가 자연을 파괴한 것처럼, 끝없는 시행착오를 범하며 상처를 만들

---

55 김지혜,『선량한 차별주의자』, 파주: 창비, 2019, 147쪽.
56 토드 로즈 저,『집단착각』, 노정태 역, 파주: 21세기북스, 2023, 1-419쪽.
57 김지혜,『선량한 차별주의자』, 파주: 창비, 2019, 147쪽.
58 김덕삼,『변화와 장의 탐구-중국의 사람, 사회, 문화를 중심으로』, 파주: 한국학술정보, 2022, 1-438쪽.

고, 결국에는 재난공동체를 나락으로 빠지게 할 것이다.

도교에서는 연결을 더 높고 더 넓은 대상으로 확장한다. 그래서 도교는 인류 공동체 안에서의 인간과 인간의 연결을 중시하지만, 인간과 자연, 인간과 우주로 확대하면서 생태환경을 보호하고, 재난의 위협을 예방할 수 있다.[59]

단, 연결을 통하여 재난공동체의 문제를 방어할 수도 있지만, 연결 속에 생각지 못한 재난이 발생할 수도 있음을 알아야 한다. 경험하지 못한 일이라 새로운 문제, 인류를 위협할 재난이 벌어질 수도 있음을 알고, 신중하게 접근해야 할 것이다. 예를 들면, 뇌와 컴퓨터의 인터페이스인 BCI(brain-computer interface), AI와의 연결, 유전자조작(genetic modification)과 같은 일이다.[60] 여기서 파생될 위험이 인류를 재난으로 몰아갈 수 있지만, 이것을 이유로 멈출 수도 없고, 지금은 멈추려고 해도 멈출 수도 없다.

그렇다면, 이것 역시 공동체 간의 자율적 연결을 통해, 능동적으로 이끌어야 할 것이다. 이는 이미 고대 도교에서 단정파(丹鼎派)가 외단(外丹)의 연장선에서 단약(丹藥)을 개발한 것을 생각할 수 있다. 물론 문제와 부작용이 있었지만, 이를 통해 과학이 발전하고 화약이 발

---

59 과학기술의 발전 속에 인류가 그대로 존재하는 것은 한계점에 도달하게 될 것이다. 이때, 인간과 기계, 혹은 인간과 기술의 발전을 토대로, 보다 적극적 연결을 시도할 수 있다. 이는 지속 가능한 미래를 담보하며, 포스트휴먼(posthuman)과 트랜스휴머니즘(transhumanism)의 주장을 넘어서 인간과 기계, 인간과 인공물의 연결로 확대된다. 즉, 과학기술의 발전에 대비한 인류의 연결을 통한 진화까지 생각할 수도 있다.
60 유전자 가위인 크리스퍼(CRISPR)의 사용도 이러한 경우에 포함된다. 크리스퍼를 이용한 인류 최초로 인증받은 유전자 치료제를 영국 의약품 및 건강관리제품 규제기관(MHRA)이 2023년 11월 16일 승인했다. 이는 낫모양적혈구빈혈증과 베타지중해성빈혈의 치료제인 카스게비이다. https://www.joongang.co.kr/article/25212032 (검색일: 2023.12.05)

명되기도 했음을 인정해야 할 것이다.[61]

어떠한 사상이든 완전무결한 사상을 바라는 것 자체가 무리이다. 과거 인류의 역사를 볼 때, 우리는 이미 충분히 경험했다. 종교의 이념에서도, 정치의 구호와 이데올로기에서도, 때로는 민중을 선동하고 혹세무민하며, 희망 고문 속에 허무하게 끝났었다. 물론 반대의 경우도 마찬가지이다. 밑도 끝도 없는 희망도 문제겠지만, 개선되지 않는 절망적 현실도 문제다. 그러므로 현실을 직시하고, 지난 과거의 경험을 냉철하게 성찰하면서, 희망과 목표에 가까운 사상을 만들며 실천해야 할 것이다.

이러한 측면에서 도교의 사상은 재난공동체에 완벽하지는 못할지라도 충분한 계시를 줄 수 있다. 과거 이런 말을 한 적이 있다. 그동안 "도가 연구를 포함한 철학연구는 당시의 시대적·정치적 그늘 속에서, 혹은 그 영향 속에서, 본연의 생기를 잃은 채 진행되어 왔다."[62] 이제 이번의 연구를 비롯한 현실에 대한 지속적 접근을 통해, 철학과 종교가 사회와 인류에 기여할 방향을 스스로 찾아야 할 것이다.

최근에 겪은 감염병의 문제에서도 우리는 감염병을 퇴치하고, 제거해야 할 것으로 생각했다. 하지만 앞으로 계속해서 또 다른 병원균

61　예를 들어 갈홍의 『포박자(抱朴子)·금단편(金丹篇)』을 보면, "단사를 불에 태우면 수은이 되고, 그 변화가 지속되면 또 다시 단사가 된다. 丹砂燒之成水銀 積變又成丹砂"고 했다. 혹은 『포박자(抱朴子)·황백편(黃白篇)』을 보면, "납의 성질은 희다. 그것이 붉어지면 단이 된다. 단의 성질은 붉다. 그러나 그것이 희게 되면 납이 된다.(鉛性白也, 而赤之以爲丹, 丹性赤也, 而白之而爲鉛)"고 했다. 주로 황화제이수은(HgS)으로 되어 있는 단사를 실험관에서 가열하면 그 속에 있던 유황이 산소와 결합하여 이산화유황이 되어 수은이 분리된다. 다시 수은과 유황이 결합되면 검은색의 황화제이수은이 된다. 만약 밀폐된 실험관 속에 이것을 넣고 가열하면, 승화되어 적홍색 결정체인 황화제이수은이 생긴다. 이처럼 단사나 납의 화학적 특징에 대한 갈홍의 연구는 과학적으로도 가치가 있다. 于民雄, 『道敎文化槪說』, 貴州人民出版社, 1991, 245-246쪽.
62　김덕삼, 『中國 道家史 序說 1』, 서울: 景仁文化社, 2004, p. 103.

이 나올 것이다. 그리고 이어지는 병원균들은 다시 인류를 위협할 것이다. 그러므로 "감염병과의 전쟁이 아니라 미생물과의 공생이 필요"하다는[63] 주장은 현실적이다. 이조차 모든 것은 연결되어 있기 때문이다.

마찬가지로 디아스포라로 배척받는 이들도 함께 공생해야 할 대상이지 제거할 대상으로 보는 시각은 발전적이지 못하다. 그래서 공생하며 함께 살아갈 디아스포라의 해결 방법을 재난공동체적 입장에서 찾아야 한다. 이제 재난공동체에서 재난을 완전히 제거하기 어려운 시대로 들어섰다.

4. 재난공동체와 미래

인류는 코로나 19를 거치며, 재난 앞에 인류가 함께하고 있음을 경험했다. 이제 재난은 한 개인의 문제가 아닌 인류 전체의 문제고, 인류 공동체가 함께 힘을 모아야 하기에, 지금의 인류를 재난공동체로 지칭해도 부족함이 없다.

재난의 종류는 다양하지만, 본고에서는 이동에 의해 파생된 재난을 상정했다. 이동은 경제적 정치적 이유로 발생하기도 하지만, 교통과 교역의 발달로 빈번해졌고, 국내의 지역과 지역에서도, 국가와 국가 사이에서도 일어난다.

---

[63] 박한선·구형찬,『감염병 인류』, 창비, 2021, 292쪽.

디아스포라가 지닌 이동의 환경은 과거와 달리 진화했다. 인류는 과학기술과 교통 통신의 발달로 더욱 촘촘하게 연결되어 있다. 그동안 공간 이동의 변화는 실로 놀라웠다.

현대의 인류 공동체는 재난에 공동으로 대응해야 할 운명에 처해 있다. 재난을 경험하며, 재난이 누구 하나만의 문제가 아닌 모두의 문제임을 깨달았다. 일상에서 마주하는 교통문제, 대기오염 문제뿐만 아니라, 전염병, 이상기후, 핵에너지, 미세플라스틱, 생활 쓰레기, 화학물질, 지진, 화산폭발, 소행성과의 충돌, 인공지능의 위협 등, 인류를 위협할 재난은 예측하기 어려울 정도로 많고 크며, 일상과 가까이 존재한다. 공동체 모두가 힘을 합하여야 한다.[64]

디아스포라의 이동은 재난 속에 발발하고, 이동 속에 나타나는 혐오와 배척은 결국 또 다른 재난을 주문한다. 재난공동체가 고려해야 할 또 하나의 재난이다. 재난공동체도 기타 다른 공동체도, 공동체는 연결 속에 존재하고, 재난은 공동체가 지닌 연결 사상과 실천 속에 예방할 수 있다. 말 그대로 "공동체는 가치, 이상, 믿음을 공유하는 사회이다. 이는 서로 믿는 사회이며, 서로 협력하는 사회이다. 공동체라는 의미는 '더불어 함께 사는 사회'이기 때문이다."[65]

재난공동체는 지속 가능한 공동체, 열린 공동체로 나아가야 하고, 그 길에서 우리는 연결되어 있음을 서로 확인하고 실천해야 한다. 이러한 행동의 사상적 기초로 본고에서는 도교의 연결 사상을 논하

---

64 김덕삼, 「재난공동체와 영성 교육」, 『한국학연구』, 85, 2023, 31쪽.
65 최병대, 2021, 『도시공동체의 민낯 - 갈등도시에서 공생도시로』, 아이에스, 서문.

였다. 이를 통하여 재난공동체의 디아스포라의 문제를 함께 고민하며 해결 방안을 찾을 수 있을 것이다.

재난공동체는 지금 이 시대가 재난에 공동으로 직면한 시기임을 강조하는 용어다. 재난공동체의 시대에 이제는 혼자서만 존재할 수 없다. 본문에서 밝힌 바와 같이 연결 속에 공동체의 존립을 고민하고, 자신의 공동체만 살겠다는 생각에서, 나아가 함께 하는 공동체를 생각하고 실천해야 한다. 인류가 특별한 것은 인간 개인이 아니라 연결 속에 협동하는 인간이 모여 만든 공동체가 존재하기 때문이다.

"고유한 정신적 능력을 지녔더라도 야생에 놓인 한 명의 인간은 결코 특별하지 않다. 지능이 신체적 약점을 보완하여 생존은 가능하게 할지 모르지만 다른 종들보다 우세해질 수는 없다. 생태학적 용어로 설명하자면, 특별한 건 인간이 아니라 인류다."[66]

인류는 연결된 협동을 통해, 발전할 수 있었다.[67] 같은 맥락에서 '텔레마크의 모험'의 저자이자 프랑스의 성직자인 프랑소아 페넬롱(1651-1715)은 "모든 사람은 형제이므로 모든 전쟁은 내전이다."라고 말했다.

결국, 본문에서 주로 고찰한 도교의 사상뿐만 아니라 동서고금을 막론하고 이구동성으로 연결을 인식하고, 연결 속의 공생을 강조한

---

66 토비 오드 저, 『벼랑세, 인류의 존재 위험과 미래, 사피엔스의 멸망』, 하인해 역, 서울: 로크 미디어, 2021. 23쪽.
67 "인류의 협동이 공간뿐 아니라 시간도 초월했다는 것이다. (중략) 수만 명이 세대를 뛰어넘어 협동하여 오랜 시간 동안 생각들을 보존하고 발전시켰다. 그러면서 우리의 지식과 문화는 조금씩 성장했다." 토비 오드 저, 『벼랑세, 인류의 존재 위험과 미래, 사피엔스의 멸망』, 하인해 역, 서울: 로크 미디어, 2021. 23-24쪽.

것이다. 이러한 맥락에서 본고는 디아스포라 문제와 관련하여, 도교의 사상을 확장하여 연결 속에 공동체가 존재하며, 공동체적 가치를 통해 지금의 '재난공동체'가 직면한 재난에 효과적으로 대처할 수 있다고 제안한다.

참고문헌

『노자(老子)』
『장자(莊子)』
『포박자(抱朴子)』
王德有,『老子指归』. 北京: 中华书局, 1994.
陈鼓应.『老子今注今译』, 北京: 商务印书馆, 2003.
陳鼓應,『莊子今注今譯』, 香港: 中華書局, 1990.
陳鼓應.『莊子今注今譯』. 北京: 中華書局, 1994,
葛洪,『抱朴子內篇校釋』, 北京: 中華書局, 2002.
梁丘子, 『黃庭內景玉經』 [M], 『道藏』 第 6冊 [M], 北京: 文物出版社, 上海: 上海書店, 天津古籍出版社, 1988.
謝路軍,『中國道教文化』, 北京: 九州出版社, 2008.
龔鵬程,『道教新論』, 北京: 北京大學出版社, 2009.
https://www.joongang.co.kr/article/25212032 (검색일: 2023.12.05)
권태환,『중국 조선족 사회의 변화: 1990년대를 중심으로』, 서울대학교출판부, 2005.
김덕삼,『변화와 장의 탐구-중국의 사람, 사회, 문화를 중심으로』, 한국학술정보, 2022.
김덕삼,『中國 道家史 序說 1』, 景仁文化社, 2004.
김덕삼, 이경자,「장소와 경험의 상관성 탐구: 중국 북경 소수민족 공동체를 중심으로」,『인문과 예술』, 2020.
김덕삼,「재난공동체와 영성 교육」,『한국학연구』85, 고려대학교 한국학연구소, 2023.
김덕삼,「장이론을 통한 중국 민족사의 변화 탐구」,『인문과학연구』, 47, 2022.
김지혜,『선량한 차별주의자』, 창비, 2019.
김혜련,「초국가시대 조선족의 도시공동체에 관한 연구」, 전남대학교 세계한상문화연구단 국내학술회의, 2012.
나카무라 유지로 저, 박철은 역, 『토포스- 장소의 철학』, 그린비, 2021,
니얼 퍼거슨 저, 홍기빈 역,『둠 재앙의 정치학-전 지구적 재앙은 인류에게 무엇을 남기는가』, 21세기북스, 2021.
니컬러스 A. 크리스타키스 저, 홍한결 역,『신의 화살-작은 바이러스는 어떻게 우리의 모든 것을 바꿨는가』, 2021. 월북.
마크 뷰캐넌 저, 김희봉 옮김,『사회적 원자』, 사이언스북스, 2014.
박한선·구형찬,『감염병 인류』, 창비, 2021.
박한제 외,『아틀라스 중국사』, 사계절, 2016.
샘 밀러 저·최정숙 역,『이주하는 인류』, 미래의 창, 2023.
샹뱌오 저, 박우 역,『경계를 넘는 공동체-베이징 저장촌 생활사』, 글항아리, 2024.
세오 다쓰히코 저, 최재영 역,『장안은 어떻게 세계의 수도가 되었나』, 황금가지, 2006.
예동근,「글로벌시대 중국의 체제전환과 도시종족 공동체 재형성-북경 왕징 코리아타운의 조선족 공동체 사례 연구」, 『민족연구』 43, 2010.
올리비에 돌퓌스 저, 최혜란 역, 『세계화』, 한울, 1998.
于民雄, 『道敎文化槪說』, 貴州人民出版社, 1991.
윤종석, 「베이징은 어떤 시민을 원하는가?-외래인구 사회관리와 2017년 '저단인구'퇴거 사건」, 『사회와 역사』, 2017.
중앙일보, 2023. 12. 27. 23면 "요양병원 떠받치는 중국동포 간병인…69곳엔 한국인 0명"
중앙일보, 2023.12.13. 20면, "6년만에 베트남 찾은 시진핑 '아시아 운명공동체 만들어야'")
중앙일보. 2024.02.14., 23면. "미국과 유럽 뒤흔드는 '이민갈등'…한국도 남의 일 아니다"
천구이디, 우춘타오 저, 박영철 역, 『중국 농민 르포』, 도서출판 길, 2014.
최병대, 『도시공동체의 민낯 - 갈등도시에서 공생도시로』, 아이에스, 2021.
커트 스테이저 저, 김학영 역, 『원자, 인간을 완성하다』, 반니, 2014.
토드 로즈 저, 노정태 역, 『집단착각』, 21세기북스, 2023.
토비 오드 저, 하인해 역, 『벼랑세, 인류의 존재 위험과 미래, 사피엔스의 멸망』, 로크 미디어, 2021.
토비 오드 저, 하인해 역, 『사피엔스의 멸망-벼랑세, 인류의 존재 위험과 미래』, 로크 미디어, 2021.
톰 올리버 저, 권은현 역, 『우리는 연결되어 있다』, 브론스테인, 2022.
하르트무트 로자 외 저, 곽노완·한상원 역, 『공동체의 이론들』, 라움, 2019.
国家统计局. 2023.4.28. "2022年农民工监测调查报告". http://www.stats.gov.cn/ (search data: 23 June 2023).
『北京市2021年國民經濟和社會發展統計公報』(발표시간 : 2022년 3월 1일), http://www.beijing.gov.cn

Doug Oman, ed., Why Religion and Spirituality Matter for Public Health, Springer, 2018.
Dugsam Kim·Taesoo Kim·Kyung Ja Lee,「Discussion and Proposal of Alternatives for the Ecological Environment from a Daoist Perspective」,『Religions』 2024, Volume 15, Issue 2, 142.
Harold G. Koenig, Medicine, Religion and Health, Templeton Press, 2008.
Linda Basch, Nina Glick Schiller, Cristina Szanton Blanc, Routledge, 1993.
Mark Cobb, Christina M. Puchalski, and Bruce Rumbold, eds., Spirituality in Healthcare, New York: Oxford University Press, 2012.
Michael J. Balboni, and John R. Peteet, eds., Spirituality and Religion Within the Culture of Medicine, Oxford University Press, 2017.
Michael J. Balboni, and Tracy A. Balboni, Hostility to Hospitality, New York: Oxford University Press, 2019.
Yeoh Kok Kheng. "Identity and Network of Chinese Diaspora in Southeast Asia

with Special Reference to a Malaysian Case of Communal Economic Movement." 전남대학교 세계한상문화연구단 국제학술회의 2012.5.